Rudolf Müller/Martin Jürgens/
Klaus Krebs/Joachim von Prittwitz

30 Minuten

Selbstlerntechniken

Bibliografische Information der Deutschen Nationalbibliothek

Die Deutsche Nationalbibliothek verzeichnet diese Publikation in der Deutschen Nationalbibliografie; detaillierte bibliografische Daten sind im Internet über http://dnb.d-nb.de abrufbar.

Umschlaggestaltung: die imprimatur, Hainburg
Umschlagkonzept: Martin Zech Design, Bremen
Lektorat: Diethild Bansleben
Satz: Zerosoft, Timisoara (Rumänien)
Druck und Verarbeitung: Salzland Druck, Staßfurt

© 2005 GABAL Verlag GmbH, Offenbach
4., überarbeitete Auflage 2012

Printed in Germany

ISBN 978-3-86936-390-5

In 30 Minuten wissen Sie mehr!

Dieses Buch ist so konzipiert, dass Sie in kurzer Zeit prägnante und fundierte Informationen aufnehmen können. Mithilfe eines Leitsystems werden Sie durch das Buch geführt. Es erlaubt Ihnen, innerhalb Ihres persönlichen Zeitkontingents (von 10 bis 30 Minuten) das Wesentliche zu erfassen.

Kurze Lesezeit
In 30 Minuten können Sie das ganze Buch lesen. Wenn Sie weniger Zeit haben, lesen Sie gezielt nur die Stellen, die für Sie wichtige Informationen beinhalten.

- Alle wichtigen Informationen sind blau gedruckt.

- Schlüsselfragen mit Seitenverweisen zu Beginn eines jeden Kapitels erlauben eine schnelle Orientierung: Sie blättern direkt auf die Seite, die Ihre Wissenslücke schließt.

- *Zahlreiche Zusammenfassungen innerhalb der Kapitel erlauben das schnelle Querlesen.*

- Ein Fast Reader am Ende des Buches fasst alle wichtigen Aspekte zusammen.

- Ein Register erleichtert das Nachschlagen.

Inhalt

Vorwort   **6**

1. Wie lernt unser Gehirn?   **9**
Gehirn und Gedächtnis   9
Positive Faktoren für das Lernen   18

2. Lernmotivation   **23**
Lernziel   23
Intrinsische und extrinsische Motivation   26
Selbstwertgefühl und hindernde Denkmuster   30
Einfluss der Glaubenssätze und
Einstellungen   33

3. Lernaufwand und -zeit   **41**

4. Lernmethoden   **51**
Überblick verschaffen,
Wissensnetz strukturieren   51
Lernkartei – Einzelheiten lernen   55
Lernen aus Büchern   57
Mentaltraining für Wissen und Können   62
Lerngruppe   63
Mit Computer lernen   65
Allgemeine Methoden/Prinzipien   68
Entspannungstechniken   71

5. Eine Lerngeschichte   **80**

6. Der Lernplan   **84**

Fast Reader   **86**

Weiterführende Literatur   **91**

Die Autoren   **93**

Register   **96**

> **Lernen ist wie Rudern
> gegen den Strom,
> sobald man aufhört,
> treibt man zurück**

Vorwort

Wollen Sie gehirngerechte Methoden kennenlernen, die möglichst effizient sind und auch noch Spaß machen? Dann seien Sie nicht verwundert, wenn Sie von unkonventionellen Dingen lesen, die sich deutlich von dem unterscheiden, was Sie früher beim „schulischen" Lernen erlebt haben:

- Häufige Pausen sind wichtig. Musik und Bewegung fördern das Lernen.
- Das Sprachenlernen unterstützen Sie durch Zettel mit relevanten Vokabeln auf Gegenständen in Ihrer Wohnung. Im Hintergrund hören Sie ständig Aufnahmen mit Texten der Zielsprache.
- Mit kleinen Kärtchen konzentrieren Sie sich bei Wiederholungen des Lernstoffs auf das, was Sie vergessen haben und verschwenden keine Zeit.
- Sie formulieren selbst den Lernstoff aus, indem Sie ihn zu Musik auf Band sprechen. Sie können dann gemütlich und entspannt den Stoff wiederholen und Ihr Gehirn „betanken". So verbinden Sie Entspannung mit Lernen.
- Anderen den Lernstoff erklären ist wirksamer, als ganz alleine zu lernen.
- Bei komplexem und neuem Lernstoff schreiben Sie die Struktur auf große Blätter und schaffen sich so eigene „Lernposter" oder „Mind-Maps".

Während Kinder noch unbändige Lust beim Lernen empfinden und wie ein Schwamm alles Neue aufsaugen, können Erwachsene bewusst darauf achten, welche Sinneskanäle sie aktivieren, um erfolgreich zu lernen.

Und weiter gilt: Bei großem Interesse wird ganz schnell „gelernt" (z.B. die Bundesligaergebnisse oder der komplette Text des Lieblingssongs). So zeigen Erwachsene im Alter von fast 60 Jahren, die sich mehrere Jahre auf die staatliche Heilpraktikerprüfung vorbereiten, dass es mit geeigneten Methoden möglich ist – und Spaß macht. Die Gedächtniskünstler demonstrieren: Das Gehirn ist wie ein Muskel. Wenn man es trainiert, wird es stärker. Unser Gehirn kann eigentlich gar nicht anders: Es lernt permanent.

Unser Gehirn ist in seiner Aufnahmekapazität bisher noch nie erreicht worden. Also brauchen Sie keine Angst zu haben, dass Sie Ihr Gehirn mit Lernen verstopfen würden. Im Gegenteil…

Und das ist auch nötig, denn Lernen wird in unserer Gesellschaft immer wichtiger. Schon der Kauf eines neuen Handys erfordert ein Dazulernen, ganz zu schweigen von den ständigen Änderungen in unserem Berufsleben.

Die Autoren

30 MINUTEN

Welche Prozesse laufen im Gehirn beim Lernen ab und wie kann ich das fördern?

Seite 9

Über welche Sinneskanäle lerne ich besser als über andere?

Seite 12

Welche Einflussfaktoren helfen mir beim Lernen?

Seite 18

1. Wie lernt unser Gehirn?

Bei der Wissensaufnahme sind heute die Zusammenhänge im Gehirn weitgehend erforscht. Neue Informationen verankern sich mit innerem Interesse und mit
Emotionen schneller und stärker im Langzeitgedächtnis und lassen sich auch daraus leichter abrufen.

1.1 Gehirn und Gedächtnis

So ist zum Beispiel die Basis aller Lesetechniken die
Empfehlung, vorher Fragen zu formulieren, um das innere Interesse und die Aufmerksamkeit zu wecken.
Durch Gefahren ausgelöster Stress ist ein direkter Ga-
rant für Interesse, sofortiges Lernen und neue Verhaltensweisen. Bei zu starkem Stress besteht jedoch die
Gefahr, dass zugleich Denkblockaden ausgelöst werden.
Die Metapher vom Wissensnetz (Vera F. Birkenbihl)
zeigt auf, dass sich neue Informationen leichter verankern, wenn schon alte „Verknüpfungen" für dieses Thema da sind. Deshalb ist es speziell am Anfang sinnvoll,

geeignete Lernmethoden zu wählen, die erste sinnvolle Fäden für den Aufbau des neuen Wissensnetzes knüpfen. Dadurch haben Erwachsene auch im hohen Alter Vorteile gegenüber jüngeren Menschen beim Lernen – haben Sie das gewusst?

Bei allem Interesse sind Wiederholungen nötig, die jedoch mit der Zeit seltener werden können. Sie wirken dem Vergessen entgegen. Auf diesem Prinzip beruht die weiter unten dargestellte äußerst wirksame Methode der Lernkartei von Sebastian Leitner.

Ihre Erinnerungen werden im Laufe des Lebens immer wieder umgeschrieben. Durch das häufige Abrufen von Erinnerungen können Sie diesen Umschreibungsprozess abschwächen.

Um erst gar keine Langeweile bei Wiederholungen entstehen zu lassen, machen Sie es spannend, indem Sie dabei innere Bilder der Lerninformationen erzeugen. Je greller die Farben und je verrückter die Ideen sind, desto besser bleibt der Lernstoff im Gedächtnis haften! Das ist die Grundlage für alle Gedächtnistechniken. Vor allem das Langzeitgedächtnis mag gerne mit Bildern gefüttert werden.

Diese Bilder kommen wie von selbst, wenn Sie Analogien finden. Unser Gehirn arbeitet so ähnlich wie ein Computer. Wenn Sie nur eine Textverarbeitung installieren, dann können Sie keine Videos abspielen. Aber wenn Sie Ihre Videosoftware einschalten und mit Bildern arbeiten, erhöht sich Ihre Lernkapazität innerhalb kürzester Zeit um ca. 300 Prozent! Besonders erfolgreich sind Sie mit lebendigen Bildern. Sobald Ihre Vorstellungen emotional werden, Sie also freudige, traurige, aggressive oder auch sexuelle Bilder mit dem Lernstoff verknüpfen, werden Sie sich besser erinnern. Sadalla und Loftness wiesen bereits 1972 nach, dass es für die Gedächtniswirkung egal ist, ob es sich um positive oder negative Emotionen handelt. (Sadalla E. & Loftness S.: Emotional images as mediators in one-trial learning. Journal of experimental Psychology, 1977, 95, S. 295 – 298).

Interessanterweise gibt es weitere Steigerungsmöglichkeiten. Sobald Sie das Lernmaterial räumlich anordnen können, wird es besser erinnert. Stellen Sie sich Ihre Küche vor und speichern Sie z.B. den Namen dieses Buchverlages GABAL als Gabel ab, die ein A aufspießt. Sollte dieses „A" masochistisch-lustvoll ächzen, dann haben Sie noch die emotionale Komponente dabei. Hmm, der Name GABAL wird Ihnen von jetzt an im Gedächtnis bleiben. Fantasierte Bilder erhöhen den Reiz auf Ihr Gehirn. Da Sie diese Bilder selbst erzeugen, ist es logisch, dass Sie sie behalten wie etwas Eigenes. Stellen Sie sich jetzt die vier Autoren dieses Buches vor, wie sie in der Küche um die GABAL mit dem aufgespießten „A" sitzen.

Sie haben uns noch nie gesehen – umso besser! Ihre eigenen Bilder sind besser als unsere Fotografien, zumindest für Ihr Gedächtnis. Ein kleiner Tipp: Wir heißen Müller, Jürgens, Krebs und von Prittwitz. Welche Namen können Sie sich sofort in einer Küche vorstellen? Welcher ist ein wichtiger Zulieferer für Produkte darin? Einfaches Hören oder Lesen ohne spezielle Aufmerksamkeit und systematische Wiederholungen geht zwar ins Unterbewusstsein, ist jedoch in der Regel nicht aktiv verfügbar. Vera F. Birkenbihl propagiert trotzdem das „Parallellernen" und schlägt vor, sich Lernstoff selbst aufzunehmen (oder fertig zu kaufen), um ihn dann im Hintergrund zu hören und wirken zu lassen. Sie berichtet von erstaunlichen Erfolgen. Darum wettert sie beim Sprachenlernen gegen das sture Pauken von Vokabeln, welches beim Parallellernen weitgehend entfallen kann.

Der amerikanische Hirnforscher Gottmann behauptet sogar: „Lernen ist wie Sex. Bei erfolgreichem Lernen werden vom Gehirn Botenstoffe ausgeschüttet, die das körpereigene Belohnungszentrum anregen!"

Ganz wichtig ist es, die eigenen Vorlieben für das Lernen zu berücksichtigen, insbesondere die bevorzugten Sinneskanäle. Das ist Ihr persönlicher Lernstil. Mit dem nachfolgenden Test von Claudia Feichtenberger können Sie dieses herausfinden.

Test für Lernstile

Jeder Mensch hat bei der Informationsaufnahme und Verarbeitung eine Präferenz für einen Sinn, zum Beispiel den Visuellen. Wahrscheinlich trifft bei den Fragen manchmal mehr als eine Möglichkeit für Sie zu. Bitte entscheiden Sie sich jedoch für die Möglichkeit, die am ehesten zu Ihnen passt, und kreuzen Sie die entsprechende Antwort an.

1. Wo setzen Sie sich im Raum hin, wenn Sie einen Vortrag besuchen?

Am liebsten eher vorne?	❑
Am liebsten eher in der Mitte?	✶
Am liebsten eher hinten?	◉

2. Bei welcher Prüfungsart fühlen Sie sich wohler?

Ich fühle mich bei mündlichen Prüfungen wohler	✶
Ich fühle mich wohler, wenn ich etwas tun/zeigen/ vorführen kann	◉
Ich fühle mich bei schriftlichen Arbeiten wohler	❑

3. Wie verhalten Sie sich bei einem Vortrag/in einem Kurs?

Wenn mich das Thema interessiert, bin ich ganz dabei, bei Langeweile schalte ich sofort ab und mache oft etwas anderes/denke an etwas anderes	◉
Ich schreibe gerne mit	❑
Ich höre zu und frage eventuell nach	✶

4. Wie bereiten Sie sich auf Prüfungen vor?

Ich teile mir alles genau ein und beginne rechtzeitig	◻
Ich lerne am liebsten mit jemandem gemeinsam	★
Ich lerne am besten unter Druck und in letzter Minute	◉

5. Wie schätzen Sie Ihr Wissen im Allgemeinen ein?

Ich weiß, dass ich mein Wissen mündlich besser rüberbringe als schriftlich	★
Ich verstehe schnell und komme immer wieder drauf, dass ich mein Wissen manchmal überschätze	◉
Ich bin mir oft nicht wirklich sicher, wieviel ich wirklich kann	◻

6. Was ist Ihnen bei Ihrem Schreibtisch/Arbeitsplatz wichtig?

Ich brauche ganz viel Platz, um mich auszubreiten. Ein Chaos ist mir egal.	◉
Mein Schreibtisch muss aufgeräumt sein!	◻
Ich brauche vor allem Ruhe und jemanden in der Nähe, um mich auszutauschen	★

7. Was ist für Sie bei Konflikten mit KollegInnen wichtig?

Grund, Ursache klären und Klarheit über die Situation	◘
Großzügigkeit – um Kleinigkeiten zu streiten zahlt sich nicht aus!	◉
Alle Beteiligten zu Wort kommen lassen, die Dinge ausreden	✳

8. Wie verhalten Sie sich, wenn Sie sich auf eine Besprechung, einen Vortrag vorbereiten?

Mich unterstützt Musik im Hintergrund und ich rede gerne zwischendurch mit jemandem	✳
Ich stehe zwischendurch immer wieder auf	◉
Ich sitze lange ruhig und arbeite gerne alleine	◘

9. Wann bekommen Sie bei einem Vortrag/Kurs viel mit?

Ich bekomme viel mit, wenn es mich wirklich interessiert, wenn ich mich zwischendurch bewege, mal aufstehe	◉
Ich bekomme viel mit, wenn der Vortragende sich gut ausdrückt oder wenn ich mich austauschen kann – mit dem Vortragenden oder in der Gruppe	✳
Ich bekomme viel mit, wenn ich ruhig sitze, den Referenten anschaue und mitschreibe	◘

10. Was schätzen Ihre KollegInnen an Ihnen?

Dass ich gut plane, Information leicht zusammenfasse und verlässlich bin.	☐
Dass ich schnell zu fremden Leuten Kontakt finde, viele Leute kenne und souverän vor anderen Menschen spreche.	★
Dass ich für komplizierte Dinge einfache Lösungen finde, gut zupacken kann und weiß, was ich will	◉

Auswertung/Summe Kreuze:

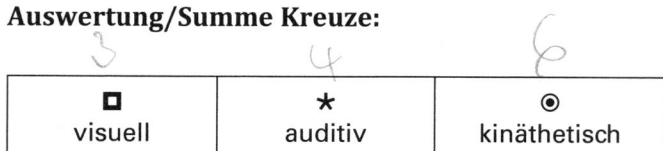

☐ visuell	★ auditiv	◉ kinäthetisch

Visueller (optischer) Lerntyp

Wenn Sie meist diese Antwort angekreuzt haben, überwiegt bei Ihnen die visuelle Wahrnehmung. Für Ihr Lernverhalten heißt das: Sie lernen lieber aus Fachbüchern und schriftlichen Informationsmaterialien, als sich von Experten etwas erklären zu lassen. Umgekehrt arbeiten Sie Sachverhalte lieber schriftlich aus, als sie vorzutragen. Sie können gut visualisieren und Bilder als Gedächtnishilfe nutzen. Die Arbeit mit Mind-Maps, Skizzen und Grafiken unterstützt Ihren Lerntyp optimal.

Auditiver (verbaler) Lerntyp

Wenn Sie meist dies angekreuzt haben, überwiegt bei Ihnen der auditive Wahrnehmungskanal. Sie sind ein aufmerksamer Zuhörer bei Referaten, Vorträgen und Diskussionen und haben das Wesentliche auch ohne Notizen im Gedächtnis. Komplizierte Sachverhalte lesen Sie sich häufig laut vor, um sie nachzuvollziehen. Sie können Ihren Lerntyp sehr gut unterstützen, indem Sie Lernstoff aufnehmen und wiederholt abhören. Sorgen Sie beim Lernen zudem für möglichst wenig Ablenkung.

Kinästhetischer Lerntyp (Ausprobierer)

Wenn Sie meist dies angekreuzt haben, dominiert bei Ihnen die kinästhetische Wahrnehmung. Das praktische Beispiel oder – besser noch – die praktische Demonstration ziehen Sie allem anderen vor. Dabei beobachten Sie Abläufe sehr genau, um Sie später eigenhändig nachzumachen. Lernmethoden, bei denen Sie Ihre Erfahrungen einbeziehen können, liegen Ihnen besonders. Kinästheten brauchen zum Lernen Bewegung. Stehen Sie ab und zu auf und bewegen Sie sich beim Nachdenken. Mind-Mapping ist auch ideal für Kinästheten! Dies betont mehr den Überblick und die Zusammenhänge, auch wenn es mit Schreiben verbunden ist, was sich jedoch auf Stichworte beschränkt.

Fazit

Bitte beachten Sie, wenn z.B. die meisten Kreuze bei „visuell" sind, dass Sie damit nicht zu 100 Prozent visueller Lerner sind. Es kann auch vorkommen, dass zwei Sinneskanäle annähernd gleich stark ausgeprägt sind. Das erhöht die Lernmöglichkeiten für Sie.

Sie können mit diesem einfachen Test herausfinden, welcher Ihr bevorzugter Lernstil ist.
Diese Präferenz nutzen Sie dann bei den Lernmethoden.

1.2 Positive Faktoren für das Lernen

Eine stimulierende Anregung muss nicht wissenschaftlich begründbar sein. Es gibt auch persönliche Eigenarten, die extrem lernfördernd sein können. Bei einem Rundgang durch die Wohnung Friedrich Schillers in Weimar erzählte der Führer, dass es in der Schreibstube Schillers immer etwas streng gerochen habe. Die Ursache waren faulige Äpfel, die er während der Schreibphase in seiner Schreibtischschublade verborgen hatte. Der Geruch der faulenden Äpfel machte Schiller richtig kreativ. Dies ist der olfaktorische Sinneskanal. Was stimuliert Sie?
Nachstehend finden Sie die allgemein anerkannten Einflussfaktoren auf das Lernen, die Ihnen guttun und Ihr Lernvermögen positiv beeinflussen.

Lernumgebung

Die individuell „lernanregende" Gestaltung des Lernortes führt zu erheblicher Steigerung der Lernbereitschaft und -fähigkeit. Auswirkung: begieriges Aufsaugen von Wissen, Gefühl der Sicherheit und Geborgenheit. Erhöht die Konzentration.

Musik

Musik stimuliert das Gehirn. Die Meisten können bei entspannender Musik besser lernen, aber es gibt auch Menschen, die mit Rock und Pop lernen können. Das Behalten wird besonders gefördert, wenn die rechte Gehirnhälfte aktiviert wird. Denn da sitzt das Langzeitgedächtnis. Genau das wird bei entspannender Musik beeinflusst.
Auswirkung: Konzentration und erleichtertes abspeichern. Unbefangene Neugier. Rhythmisches Lernen.

Bewegung

Bewegung zwischendurch fördert das Lernen. Beispiele: Tanzen vor Postern mit Lernstoff, beim Abfragen umhergehen, zwischendurch Spazierengehen.
Auswirkung: Anregung der Sauerstoffversorgung des Gehirns. Steigert geistige Flexibilität und Kreativität, Lernfreude und Spaß.

Entspannung

Entspannungsübungen beim Lernen haben doppelten Nutzen.

- Visualisierung eines inneren Films (Behaltenswirkung) in der Vorstellung zum Gelernten
- Abbau von Lernblockaden (hindernde Denkmuster).

Ihr Einsatz kann in Ruhe- und Aktivphasen erfolgen. Es gibt fertige Programme mit allgemeinem Text. Die Muskelentspannung von Jacobson hat sich für Ungeübte bewährt. Weiter hinten bei den Methoden finden Sie Texte dazu.

Auswirkung: Konzentration, verbesserte Atmung, mehr Sauerstoff im Gehirn. Bessere Behaltensleistung. Abbau von Lernblockaden.

Visualisierung

Kreatives Gestalten von Lerninhalten durch das Verknüpfen mit Bildern ist gefragt. Zunehmend an Bedeutung gewinnt die Mind-Mapping-Technik (Beispiele weiter unten).

Auswirkung: Visualisierung erleichtert und fördert das Behalten komplexer Lehr- und Lernstoffe. Damit erzeugen Sie Wissensfäden für das Wissensnetz.

Ernährung

Beim Denken und Lernen entsteht ein hoher Glukoseverbrauch. Dieser wird sogar mit mehr als 180 g/Tag beziffert. Für einen dauerhaft hohen Blutzuckerspiegel reichen Einfachzucker (Honig, Kuchen Süßigkeiten) nicht aus. Besser sind Mehrfachzucker, die in Obst, Rohkost, Gemüse, Kartoffeln und Vollkornprodukten enthalten sind. Viele kleine Mini-Mahlzeiten sind förderlicher als zwei Hauptmahlzeiten.

Das Gehirn benötigt ständig Flüssigkeit. Daher sollten Sie beim Lernen viel trinken, insbesondere frisches Quellwasser.

Vitamin C und Cholin fördern die Bildung von Neurotransmittern und damit die Informationsweitergabe im Gehirn. Cholin ist in Nüssen, Samen, Vollkorn und Hülsenfrüchten sowie in Fleisch (vor allem Leber) enthalten. Magnesium, das ebenfalls in Nüssen, Samen, Vollkorn und Hülsenfrüchten geballt vorkommt, hemmt eine übermäßige Erregung des Nervensystems und verringert dadurch auf natürliche Weise Stress. (Alle Angaben aus: Jörg Zittlau und Norbert Kriegisch, Das große Buch der gesunden Ernährung. Südwest Verlag, 2.Auflage 1998, S. 162)

Die Erkenntnisse der Gehirntheorie und Lernbiologie machen uns das Lernen leichter.
- *Wir setzen dabei Fragen, Emotionalität und innere Bilder ein. Je mehr wir schon wissen, desto leichter wird es.*
- *Wir haben einen präferierten Lernkanal und können diesen systematisch nutzen.*
- *Wir können den Lernvorgang noch mit weiteren positiven Faktoren stützen, wozu insbesondere Musik, Bewegung, Entspannung und auch Ernährung gehört.*

Welches sind meine persönlichen Lernziele und der Sinn meines Lernens für mich?

Seite 23

Wie kann ich auch aus extrinsischer Motivation intrinsische machen?

Seite 26

Wie kann ich hindernde Denkmuster beim Lernen abbauen?

Seite 33

2. Lernmotivation

Achten Sie einmal in Ihrem Umfeld darauf, wie und was Menschen lernen – z. B. Sprachen, Internet, Führung, Betriebswirtschaft und Technik bis hin zur Kunst. Das Thema „Schulung" steht bei allen modernen Unternehmen oben auf der Agenda, spätestens durch ein Qualitätssystem mit der Zertifizierung und den späteren Audits.

Lernen als Erwachsener hat also in unserem Alltag eine ständig wachsende Bedeutung.

2.1 Lernziel

Lernplan

Das Lernen beansprucht je nach Umfang einen wesentlichen Teil Ihres Lebens. Sie müssen daher entscheiden, wieviel Raum Sie diesem gewähren. Fragen Sie sich: Wie wichtig ist Ihnen Ihr Lernen und welchen Aufwand wollen Sie dafür betreiben? Worauf sind Sie bereit zu verzichten, um Zeit für das Lernen zu gewinnen? Dient das Lernen nur Ihrem Hobby, ist also der Weg das Ziel? Setzen Sie sich konkrete Lernziele (mit einem klaren positiven inneren Bild und einem Termin)? Im Anhang finden Sie zum Ausfüllen Ihren persönlichen Lernplan.

Lernstoff: Wissensaneignung oder Verhaltensänderungen

Wir unterscheiden bei den Lernzielen zwischen Wissensaneignung (Faktenlernen) und Verhaltensänderung. Verhaltensänderung setzt persönliche Betroffenheit und Einsichten voraus sowie den Willen, gewonnene Erkenntnisse in neu einzuübendes Verhalten umzusetzen. Hinzu kommt, dass bei Verhaltensänderungen meist innere Einstellungen überprüft und korrigiert werden müssen. Dabei ist der Anteil von Faktenlernen eher gering. Es gibt auch Fähigkeiten und Fertigkeiten, deren Erlernen Wissen und Training erfordern, z.B. Sprachen lernen, der Führer- oder Segelschein oder die Computer-Bedienung.

Bei der Wissensaneignung soll die Behaltenswirkung durch die Lerntechniken erhöht werden. Bei Verhaltensänderungen sollen neue Fähigkeiten erlernt, geübt und in den Lebensbereich integriert werden. Dieses 30-Minuten-Buch geht in erster Linie auf die Wissensaneignung ein.

Lernkurven

Die Wissenslernkurve wird Ihre Lernmotivation beeinflussen. Sie ist mit der Zeit ansteigend, nach Meinung von Vera F. Birkenbihl sogar exponentiell, wenn genug

Grundwissen da ist. Deshalb ist Lernen in einem Kontext einfacher. Beispiel: Ein Briefmarkensammler erkennt in einer Minute mehr auf einer Marke als jemand, der sich nicht ständig mit diesem Thema beschäftigt.

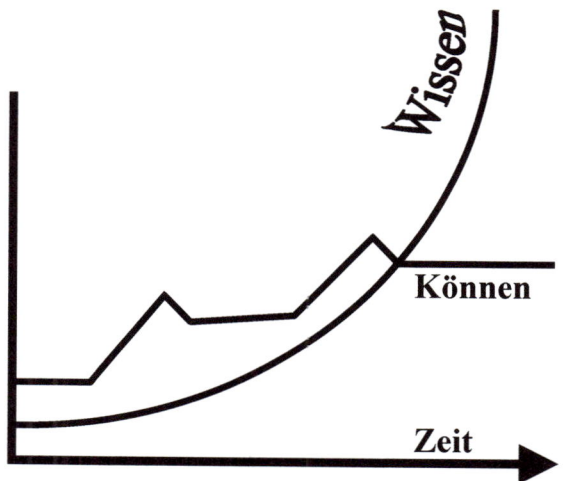

Beim Lernen von Fähigkeiten und Fertigkeiten (Können) weist die Lernkurve Plateaus auf, es ist Geduld beim Üben erforderlich. Ein solches Plateau ist also normal und braucht Sie nicht zu demotivieren.

Sie müssen sich für eine optimale Motivation bewusst machen, was Ihr Ziel beim Lernen ist und legen dies am Besten schriftlich fest. Bei der Wissensaneignung und bei gewünschten Verhaltensänderungen gibt es verschiedene Lernkurven.

30

2.2 Intrinsische und extrinsische Motivation

Der wahre Antrieb, sich oder etwas zu „bewegen" kommt immer von innen (intrinsisch). Sie tun gut daran, sich der Bedeutung und des Nutzens Ihres Lernzieles nicht nur in Gedanken bewusst zu sein: Machen Sie es sinnlich erfahrbar und malen Sie sich dieses Ziel innerlich aus, bringen Sie dabei auch Ihre Gefühle zum Ausdruck. Von außen (extrinsisch) können Anregungen erfolgen und/oder Anreize gegeben werden. Diese sind die Streichhölzer, welche das innere (intrinsisch) Feuer entzünden. Als „Brennholz" dafür eignen sich:

Lern- und Lebensziele

Verankern Sie Ihre Lernziele durch schriftliche Visualisierung. Und klären Sie dabei die Verbindung mit Ihren persönlichen Lebenszielen. Die Schriftlichkeit erhöht die Wirkung. Siehe auch Lernplan auf S. 84ff.
Aufwand und Auswirkung: Einmalige Arbeit, aber ganz wichtig. Sie stärken damit ihre positiven Gefühle und die Freude am Lernen.

Zwischenziele (Meilensteine)

Legen Sie Zwischenziele als Lernfortschrittskontrolle fest. Bitten Sie einen vertrauten Partner/in um Unterstützung. Feiern Sie ggf. auch Zwischenziele und belohnen Sie sich damit selbst. So halten Sie die Bedeutung Ihres Lernzieles wach.

Aufwand und Auswirkung: kein Aufwand, Motivations-
erhalt.

Mentaltraining

Nehmen Sie vor dem Hintergrund von Entspannungsmusik Ihre Lernziele und Verhaltensvorsätze auf (ggf.
ergänzt um fachliche Lerninhalte) und hören Sie diese
regelmäßig. Im fahrenden Auto ist jedoch davon abzu-
raten, auch wenn Sie sich dabei nicht der Entspannung
hingeben.

Aufwand und Auswirkung: Mußezeit und Entspannung
werden so zur Eigenmotivation genutzt.

Lernergruppe/mit Partner

Sich mit Gleichgesinnten zusammenzutun macht immer Spaß. Weitere Informationen dazu finden Sie im
Kapitel Methodik.

Aufwand und Auswirkung: Ein Treffen pro Woche
reicht in der Regel. Eigenverantwortung und Lern-
transfer erhöhen sich. Ständige Motivationswirkung
durch Sozialkontakte.

Stimmung

Erstellen Sie eine Liste Ihrer Energiequellen für gute
Stimmung (z.B. Duft frischer Blumen, Entspannungsmusik). Setzen Sie diese Energiequellen gezielt ein.
Prüfen Sie beim Lernstil und den äußeren Umständen,
was für Sie hilfreich ist und was Sie in gute Stimmung
versetzt.

Aufwand und Auswirkung: Kein Aufwand, aber hoher Nutzen, denn die Aufnahmefähigkeit steigt.

Abwechslung
Lernen Sie mal aktiv, dann passiv, mal mit Büchern, mal mit Audios.
Aufwand und Auswirkung: Besser für die Verankerung auf mehreren Sinneskanälen. Kein Aufwand, macht aber mehr Spaß.

Umfeld/Einbeziehung
Durch Abfragen können Sie Ihren Lernstoff weiter vertiefen und festigen. Familie und Freunde sollten Sie dafür in das Lernen einbinden. Erläutern Sie Ihr Ziel.
Aufwand und Auswirkung: Erhöht die Motivation und Konsequenz, Lernen und Sozialkontakt.

Extrinsisch
Selbst wenn Sie unter Druck lernen müssen (extrinsisch), so können Sie auch daraus eigene Motivation ziehen, wenn Sie sich den persönlichen Nutzen und ggf. die Vermeidung von Ärger klar machen und deutlich ausmalen.

Der Trick für wirksame Belohnungen: Sofort handeln
Einer der häufigsten Fehler beim Lernen ist das Aufschieben von Belohnungen: „Wenn ich die ganze Woche gut gelernt habe, dann gönne ich mir den neuen Kinofilm."

Insbesondere, wenn Ihnen der Lernstoff außerordentlich schwerfällt oder wenn Sie am Beginn eines neuen Lernstoffs stehen, dann müssen Sie alle Register der Selbstmotivation ziehen.

Die Belohnung funktioniert umso besser, je schneller sie auf die Tat folgt.

Sofort nachdem Sie etwas gelernt haben, sollten Sie emotional reagieren. Hüpfen Sie begeistert über die eigene Tat in der Wohnung umher, legen Sie sofort Ihre Lieblingsmusik auf, gönnen Sie sich eine Nascherei oder streichen Sie sich zumindest lobend über den Kopf. Eine Belohnung ist wie ein Lob – sie muss sofort kommen und sie muss emotional sein. Am schnellsten verändern wir unsere emotionale Beziehung zum Lernen, wenn wir eine zeitlich direkt folgende positive Konsequenz spüren. Unser Unbewusstes liebt lustvolle Folgen. So erhöhen Sie die Lernfreude und Ausdauer auf angenehme Art. Natürlich können Sie am Wochenende dann zusätzlich ins Kino gehen.

Das Aufschieben von Belohnungen lohnt sich, wenn Sie bereits eine gewisse Sicherheit im Stoff besitzen UND mit innerer Freude lernen. Es ist dann sehr effektiv, sich vermehrt für längere Lernsequenzen zu bestärken. Sie können so eine langfristige und, wie viele Menschen bestätigen, sogar lebenslange Freude am Lernen erzeugen.

Es gibt einiges, was Sie für Ihre Lernmotivation tun können. Das sind nicht nur Belohnungen beim Erreichen von Zwischenzielen. Auch das Lernen in einer Gruppe gehört dazu. Stimmung und Abwechslung können ebenfalls systematisch fürs Lernen genutzt werden.

2.3 Selbstwertgefühl und hindernde Denkmuster

Ziel des Lernens ist das Können. Hier spielt z.B. die Verbesserung des Selbstwertgefühles eine Rolle. Besserwisser gibt es viele – Besserkönner erheblich weniger. Das Besserkönnen verändert die Rolle, die ein Mensch im sozialen Gefüge spielt, erheblich schneller. Auch ein Mehr-Wissen dient dabei letztlich dem Mehr-Können. Des Weiteren spielt der Abbau negativer Denkmuster über das eigene Lernen und die eigene Intelligenz eine große Rolle für den Lernerfolg. Machen Sie sich bewusst, was Sie schon alles im Leben erfolgreich gelernt haben! Je mehr Sie das tun, umso leichter wird Ihnen das Lernen fallen. Schreiben Sie es einfach auf, das motiviert noch mehr.

Wenn Menschen wirklich Neues lernen wollen, so ist eigenes mangelndes Selbstvertrauen der wesentliche Blockierer. Ob es Sprachen sind, Internet-Führerschein, die Übernahme einer neuen Verantwortung in neuer Umgebung, das Spielen lernen auf einem neuen Instrument oder was auch immer. Der Wunsch, etwas Neues zu lernen, ist sicherlich bei den meisten Menschen vorhanden. Die Vorstellung davon, mehr Wertschätzung zu erhalten, wenn etwas bestimmtes Neues beherrscht wird, ist für viele verlockend. Jedoch muss auch Entlernen stattfinden, ein Entlernen von Versagensängsten, ein Entlernen, keine Fehler machen zu dürfen. Ersetzen Sie hindernde Denkmuster durch positive Muster Ihres Selbstvertrauens.

Einige unserer Leser möchten ihr Gehirn eventuell auf ein positives Selbstwertgefühl programmieren. Hier ist eine der Strategien, um regelrecht einen Riecher für aufbauende Situationen zu entwickeln: Nehmen Sie ein unbeschriebenes Tagebuch und notieren Sie sich jeden Tag fünf erfolgreiche Verhaltensweisen oder Lernfortschritte. Weshalb fünf? Nun, drei würden Ihnen garantiert spontan einfallen. Der Trainingseffekt wäre nur durchschnittlich. Viele Menschen wollen keinen Durchschnitt. Wenn Sie beginnen, dieses Buch zu lesen, sind Sie bereits über dem Durchschnitt! Sie machen bereitwillig alles, um in der absoluten Spitze zu landen. Bei fünf Erfolgen müssen sie bereits in Ihrem Gehirn kurz suchen: „Wo habe ich heute noch etwas gelernt?" Das Geheimnis ist das Suchen. Sie trainieren Ihr Gehirn, Lernerfolge zu suchen. Tag für Tag, drei Monate lang. Danach wird dieses Erfolge-Suchen zu einer Gewohnheit.

Früher hofften Sie vor wichtigen Gesprächen: Hoffentlich wird das heute etwas. Während des Gespräches waren Sie gelegentlich innerlich unsicher. Vielleicht kam zusätzlich ein Faktor nach dem Gespräch dazu, der Sie ärgerte: Es fiel Ihnen hinterher auf, wo Sie eine Chance nicht erkannt hatten, oder was Sie hätten sagen können, um Ihre Gesprächspartner zu überzeugen. Was Ihnen dann nicht auffiel, waren die guten Dinge, die Sie gesagt hatten.

Und hier liegt der dramatische Unterschied zu Ihrem Erfolgstagebuch. Sie werden bereits nach 5-6 Wochen spüren, dass Sie morgens aufstehen und sich überlegen: Was könnte ich heute erfolgreich lernen? Und es geht weiter. Während der Gespräche mit Ihrem Chef, ihren Freunden oder Kollegen richten Sie Ihre Aufmerksamkeit konstant auf Ihren Hauptfaktor: Was lerne ich dadurch? Sie werden die kleinsten Möglichkeiten zum Lernen erspähen und garantiert auch nutzen. Ihre Mitmenschen werden spüren, dass Sie sich viel stärker während des Gespräches um sie bemühen und sich über die intensiven Gespräche mit Ihnen freuen.

Nach dem Gespräch werden Sie automatisch wieder einen Pluspunkt für Ihr Erfolgstagebuch bereithaben. Denn ein Mensch kann nur dahin kommen, wohin seine Aufmerksamkeit ausgerichtet ist. Ich kann nicht auf Dauer meine Aufmerksamkeit nach links richten, wenn ich nach rechts gehen möchte. Manche tun das und wundern sich, weshalb sie so langsam vorankommen. Dabei ecken Sie noch oft an.

Fokussieren Sie Ihre Aufmerksamkeit auf Lernen. Dadurch, dass Sie jeden Tag die realen Fortschritte notieren, bauen Sie das bewusste Gefühl auf, ein erfolgreicher Lerner zu sein.

2.4 Einfluss der Glaubenssätze und Einstellungen

Alle Lerntechniken, die Ihnen hier vermittelt werden, sind vergebliche Liebesmüh, wenn Sie von einengenden Überzeugungssätzen beherrscht werden. Sie entscheiden, ob Sie erfolgreich lernen oder nicht. Wenn Sie innerlich davon überzeugt sind, dass Lernen schwer und mit Quälerei verbunden ist, werden Sie mit großer Wahrscheinlichkeit Strategien entwickeln, die Lernen vermeidet. Logisch, dass Sie sich dann auch nicht verändern und nicht den Mut aufbringen, Neues zu erfahren und hinzuzulernen.

Mit welchen Techniken können Sie Ihre angstbesetzten Gefühle vor Veränderungen in freudigen Tatendrang umwandeln? Dazu vorerst ein kleiner Ausflug in menschliche Verhaltensmuster:

Entstehung von Überzeugungen

Die Überzeugungssätze – das sind Glaubenssätze, Werte und Einstellungen – bilden sich bei allen Menschen aufgrund von Erfahrungen, die jeder Einzelne von uns machte. Das, was Sie erfahren haben, ist eines von Milliarden von Mosaiksteinchen, aus denen sich Ihr Bild von der Welt zusammensetzt. Verständlich, dass diese in Ihnen entstehende Landkarte nicht deckungsgleich mit der Wirklichkeit ist.

Ihre Verhaltensweise wird von zwei entscheidenden Faktoren beeinflusst. Das eine sind die Ihnen vererbten Gene, auf die wir hier nicht eingehen. Das andere sind die Umwelteinflüsse. Dazu gehören natürlich auch Ihre Eltern, die Ihnen „aus ihrer Sicht" das Bild der Welt erklären, welches Sie als Kleinkind ungeprüft entgegennehmen und für wahr halten. Das prägt Sie und Ihr Selbstbild. Das Selbstbild wird im Unterbewusstsein gebildet. Es entsteht durch das, was wir von uns glauben.

Das Elefantenbeispiel

Übrigens ergeht es Säugetieren auch so. Diese Erkenntnis wird z.B. bei den Elefanten ausgenutzt. Dem Elefantenbaby wird eine Eisenkette um ein Bein gelegt, die an einem Pflock befestigt wird. Das bedeutet, dass jedes Ziehen an der Kette Schmerzen durch den sich zuziehenden Eisenring an seinem gefesselten Bein verursacht. Später, wenn der Elefant groß und stark geworden ist und er jetzt mit Leichtigkeit den Pflock ausreißen könnte, tut er es trotzdem nicht. Warum? Nun, es ergeht ihm wie Ihnen: Sein Bild von der Wirklichkeit hat sich nicht geändert. Er „glaubt" immer noch, dass es Schmerzen verursacht, an der Kette zu ziehen.

Somit ist klar, dass nicht nur der Elefant, sondern auch Sie Ihre eigene Wirklichkeit haben. Was Sie wahrnehmen, sind immer nur Ihre Interpretationen der anderen Wirklichkeit. So wie Sie, bastelt sich jedes Individuum sein eigenes Modell der Welt. Im Gegensatz zum Elefanten, haben Sie die Chance, Ihr Weltbild zu ändern. Das können Sie allein bewerkstelligen oder mithilfe von Profis. Die sind dann erforderlich, wenn Ihre Glaubenssätze, Ihre Werte und Einstellungen so tief in Ihrem Unterbewusstsein verwurzelt sind, dass Sie sie als solche gar nicht erkennen. (Stellen Sie sich nur einmal die Glaubenssätze eines Selbstmordattentäters vor!)

3 Schritte zu Veränderungen

Da die Gefühle der Motor Ihres Verhaltens sind, sollten Sie Ihre Sie am Lernen hindernden Glaubenssätze (die Ihnen schlechte Gefühle vermitteln!) ausfindig machen, um sie in gute, das Selbstbewusstsein fördernde Gefühle umzuwandeln.

Leichter gesagt als getan. Immerhin befinden sich diese im Unterbewusstsein. Gehen Sie deshalb in drei Schritten wie folgt vor:

1. Werden Sie sich des negativen Selbstbildes (Glaubenssatzes) bewusst.

   - Erstellen Sie eine Liste mit zwei Spalten. Links schreiben Sie alle positiven Aspekte Ihrer Persönlichkeit hinein. In die rechte Spalte schreiben Sie die negativen Aspekte.

   Zur rechten Spalte fragen Sie sich:

   - Was hindert Sie? (z.B. Trägheit, Angst vor Fehlern/Schäden/Absagen)

- Was sagt das über Sie selbst aus (angenommen, die Schuld liegt zum Teil bei Ihnen)? (z.B. Fehlentscheidungen eingestehen, Verantwortung übernehmen zu müssen)

Unter Druck kann ich gut arbeiten	Ich agiere, handle, ergreife die Initiative nicht oder zu spät
....	....
....	....

2. Stellen Sie die negativen Angewohnheiten in Frage:
- Wozu sind die gut? (z.B. sich nicht anstrengen zu müssen/Illusion eines pos. Selbstbildes bewahren/Image- oder finanzieller Schaden wird verzögert / verbale Schelte wird vorübergehend vermieden)
- Kann ich die dahinter liegenden Ziele nicht auch anders – besser – erreichen? (z.B.: konzentrierte, erfolgreiche Anstrengung ermöglicht genussvolle Freizeit und Anerkennung/Fehler ermöglichen neues Lernen, besseres künftiges Handeln/ erhaltenes Feedback ist eine Hilfe für zu korrigierendes Verhalten)
- Sind die Verhaltensweisen sinnvoll? (z.B. nein, denn sie sind passiv, sie ermöglichen Dritten über einen selbst zu bestimmen, im Extremfall bis hin zur Entmündigung)

3. Schaffen Sie ein neues positives Selbstbild:
Wenn Sie sich entschieden haben, Ihren alten Glaubenssatz über Bord zu werfen, also einen Teil Ihres Selbstbildes zu ändern, müssen Sie das Vakuum an die-

ser Stelle füllen, also ein neues Selbstbild mit positiven Eigenschaften schaffen.

Eselsbrücke für das Installieren eines neuen Glaubenssatzes ist das Wort „LEBEN":

Phase	Aktivität
Löschen Negatives Bild in Zweifel ziehen und restlos verblassen lassen	Ziehen sie Ihren alten Glaubenssatz in Zweifel und projizieren Sie ihn auf eine imaginäre Leinwand und lassen die Schrift immer kleiner und die Schriftfarbe immer blasser werden, bis Sie nur noch einen kleinen (weißen) Punkt sehen. Am besten sprechen Sie dabei laut aus: „Löschen".
Ersetzen Positives Bild farbig auf allen Sinneskanälen entstehen lassen	Im umgekehrten Sinne lassen Sie den neuen Glaubenssatz immer größer und farbkräftiger werden, bis er die gesamte innere Leinwand ausfüllt.
Bestätigen Sich mit positiven Bildern auf allen Sinneskanälen permanent umgeben	Installieren Sie Erinnerungskärtchen mit dem neuen Glaubenssatz in Schrift, Bildern und auf Tonträgern, versehen mit Ihrem Lieblingsduft, überall in Ihrem Aktionsbereich. Sie beeinflussen damit Ihr Unterbewusstsein.

Entspannen Mental sich zur immer gleichen Zeit mit angenehmem Bild agieren sehen	Entspannen Sie sich regelmäßig zu einer festgelegten Tageszeit. Im unmittelbaren Anschluss daran nehmen Sie geistig vorweg Ihr neues Selbstbild auf und sehen und hören sich mit dem neuen Glaubenssatz agieren. Spüren Sie den dabei empfundenen Gefühlen nach und stellen Sie sich Geschmack und Geruch vor, die Sie während Ihres erfolgreichen Lebens genießen.
Nutzen Neues Bild testen, danach permanent nutzen und anwenden	Nutzen bzw. übernehmen Sie Ihre mentalen Vorstellungen in die Realität und setzen Sie sie gleich um. Zum Beispiel haben Sie die richtige Bewegungsabfolge bei der Rückhand vor Ihrem geistigen Auge. Sobald der Tennisball auf Ihre Rückhand platziert wird, setzen Sie 1 : 1 Ihr geistiges Bild in Bewegung um – und genießen Ihren Erfolg!

Bevor Sie sich ernsthaft damit beschäftigen, etwas Neues zu lernen, ist es sinnvoll für Sie, Ihre Lernmuster, d.h. Ihr Selbstbild zu prüfen und einschränkende Glaubenssätze bei sich selbst ausfindig zu machen und durch neue, positiv formulierte Glaubenssätze zu ersetzen.

Wenn Sie Ihr Lernen bewusst angehen, halten Sie den Schlüssel zum erfolgreichen Lernen in Ihren Händen. **30**

- *Ihre Lernmotivation fördern Sie zunächst am besten durch die Zielklärung.*

- *Sie achten beim Lernen auf positive Faktoren für die Motivation wie Stimmung, Abwechslung und ein positives soziales Umfeld.*

- *Sie können Ihr Selbstwertgefühl für das Lernen auf- und hindernde Denkmuster und Versagensängste abbauen. Hierzu machen Sie sich systematisch Ihre eigenen Lernerfolge bewusst.*

- *Glaubenssätze sind im Unterbewusstsein verankert. Da das Unterbewusstsein nicht zwischen Realität und Fantasie unterscheiden kann, ist es mit einer gehirngerechten Technik möglich, alte Glaubenssätze zu löschen und neue zu installieren. Nutzen Sie ggf. professionelle Hilfe von Trainern für NLP, die mit dieser Technik vertraut sind.*

30 MINUTEN

Wie steht es mit Pausen beim Lernen und sind diese auch produktiv?

Seite 42

Wie halten Sie den Lernzeitaufwand möglichst klein?

Seite 43

Wie teilen Sie sich die Lernzeit für ein optimales Ergebnis ein?

Seite 46

3. Lernaufwand und -zeit

Lernen erfordert Zeit, die Sie für Ihre Zielsetzung investieren müssen. Jedoch auch für die Zeiteinteilung ist einiges zu beachten. Mit der Berücksichtigung der folgenden Empfehlungen mobilisieren Sie zugleich Lern-Energie d.h. Lern-Motivation.

Lern-Rhythmus

Lernen Sie möglichst zur immer gleichen Zeit. Sorgen Sie für gesunden Schlaf. In dieser Zeit verarbeitet das Gehirn den Lernstoff und gleicht Bekanntes mit Unbekanntem ab. Vor dem Schlafengehen nehmen Sie ganz neuen Stoff am besten nur passiv auf. Am nächsten Tag ist dann damit aktiv zu arbeiten. Wenn Sie den ganzen Tag ein einziges Thema lernen, so ist zu empfehlen, abends das Lernthema zu wechseln.

Einer der besten Tipps ist es, dass man nach dem Erarbeiten von neuem Lernstoff schläft.

30

Eine Reihe von Experimenten belegt, dass nach einer Schlafphase ein deutlicher Lernfortschritt erkennbar ist. Diese Regel gilt sowohl für das übliche Faktenler-

nen als auch für motorisches und Verhaltens-Lernen.
Auswirkungen: Gewohnheiten fördern die Motivation.

Kurzpausen

Machen Sie alle 45 bis 60 Minuten eine Pause. Die Speicherfähigkeit des Gehirns nimmt dann ab. Es mehren sich dann Phasen minderer Aufmerksamkeit. Die Pausen sollten 5-10 Minuten nicht überschreiten, da sonst das vorher Gelernte vergessen wird und die erneute Anlaufphase Zeit kostet. Bewegung, Sport, Entspannung und andere Tätigkeiten sorgen für Abwechslung in den Pausen. Als geeignet haben sich besonders Überkreuzbewegungen herausgestellt: Bei dieser Übung winkelt man den rechten Arm an, zieht das linke Knie hoch und tippt mit dem rechten Ellenbogen auf das linke, nach oben gezogene Knie. Dann setzt man das linke Bein wieder ab und entspannt den rechten Arm und macht das Gleiche seitenverkehrt: Mit dem linken Ellenbogen auf das rechte Knie tippen. Diese Übung mehrmals hintereinander, am besten mit flotter Musik, regt nicht nur die Zusammenarbeit beider Hirnhälften an, sondern aktiviert auch den Kreislauf, das Gehirn wird besser durchblutet.

Bei einem Rhythmus von 45 Minuten ist die Behaltenswirkung am Anfang und am Ende der Lernzeit am höchsten (Tony Buzan).

Auswirkungen: Sie werden überrascht sein, welche Lernfähigkeit die richtigen Pausen bewirken.

Lern-Frequenz

Je größer das Lernprojekt ist, desto wichtiger wird ein tägliches Lernpensum. Regelmäßigkeit in Zeiten und Kontinuität der Arbeitsbedingungen sind förderlich. Auswirkungen: Fördert die Gewohnheit und somit Motivation.

Pareto-Prinzip

Nach der sogenannten 80/20 Regel sind 20% der Menge des Lernstoffes besonders wichtig/und enthalten 80% der Information. Sie können also mit 20% der Zeit schon das Wichtigste (80%) lernen. Auswirkungen: Konzentration fördert die Motivation.

Überflüssige Wiederholungen weglassen

Sinnvoll ist es auch, überflüssiges Wiederholen einfach wegzulassen! Nehmen Sie das Material, das Sie lernen wollen, und streichen Sie einfach alle Absätze heraus, die Sie bereits kennen. Wenn Sie den Text elektronisch gespeichert haben, machen Sie sich sofort eine Kopie zum Lernen. Löschen Sie jeden Teil des Textes, der für Ihr Ziel überflüssig ist.

Überlegen Sie, ob man die Überschriften treffender formulieren könnte – vielleicht als Frage? Dadurch strukturieren Sie den Text so, dass er in Ihr Denksystem passt. Probieren Sie es aus: Sobald der Text Ihre Struktur hat, fügt sich der gesamte Text auf stimmige Art und Weise in Ihr Gedächtnis ein.

Auswirkungen: Zeiteinsparung.

30 *Auch beim Lernstoff können Sie eine Auswahl treffen und sich auf das Wichtigste konzentrieren. Kurze Pausen sind dem Lernen förderlich. Achten Sie auf Ihre Tagesleistungskurve und gewöhnen Sie sich eine Regelmäßigkeit an. Vermeiden Sie Wiederholungen von Stoff, den Sie schon gelernt haben.*

Tagesleistungskurve

Der Mensch hat am Tag Phasen unterschiedlicher Leistungsfähigkeit. Diese sind von Mensch zu Mensch und von Lebensgewohnheit zu Lebensgewohnheit unterschiedlich. Bei allen Menschen gibt es aber Ähnlichkeiten. So haben alle vormittags ein Leistungshoch, dem nach dem Mittagessen ein Leistungstief folgt. Am Nachmittag/Abend gibt es ein weiteres Maximum. Zur Nacht hin fällt dann die Leistungskurve stetig ab, siehe in der folgenden Abbildung. Achten Sie darauf, möglichst in den Leistungshochs zu lernen und unwichtigere Tätigkeiten auf die Tiefs zu legen.

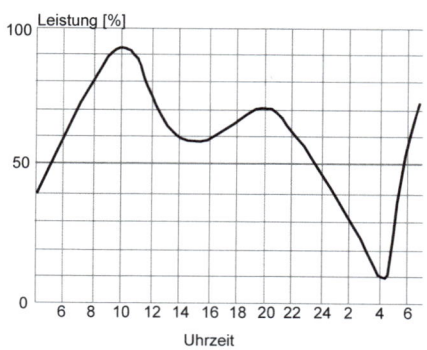

Lernen Sie nur zu der Tageszeit, in der Sie am leistungsfähigsten sind.

Störkurve

Bei jeder Wiederaufnahme des Lernens benötigen Sie Zeit, um sich wieder hineinzudenken. Diese sogenannten Rüstzeiten sind verlorene Zeiten, wo Sie nicht mit voller Konzentration lernen können, weil Sie erst wieder den Faden finden müssen. Das kann mal kurz dauern, aber auch mal ziemlich lang. Dies nennt man auch den Sägezahneffekt, weil bei einer Auftragung der Konzentration gegen die Zeit (folgende Abbildung) ein Bild ähnlich einem Sägeblatt entsteht. Daher rührt auch der Grundsatz für den Lernort: Halten Sie ihn möglichst frei von Störungen. Jede Ablenkung verringert Ihre effektive Lernzeit.

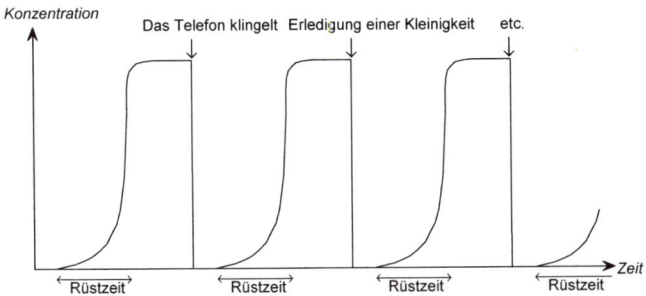

Lernen Sie nur zu der Tageszeit, in der Sie am wenigsten gestört werden.

Dies kann Ihrer Tagesleistungskurve durchaus wider-
sprechen. Dann denken Sie darüber nach, wie Sie ihre
Störungen verringern können: Ein Arzt geht im Opera-
tionssaal auch nicht an das Telefon!

Planung und Controlling

Gerade bei großen Stofffeldern kann man leicht den
Überblick verlieren: Ist man noch in der Zeit? Kann
man sich eine Pause gönnen oder muss man richtig
ranklotzen?

Schaffen Sie sich daher besser einen Überblick: Was
wollen Sie alles bis wann lernen? Machen Sie eine Liste
und haken Sie die Themen ab, die Sie beherrschen. Sie
werden bemerken, wie sicher Sie werden, wenn Sie
erst einmal sehen, was Sie schon alles können.

Sie können sich sogar ausrechnen, wie weit Sie im
Lernstoff stehen.

$$\text{Lernerfolg} = \frac{\text{beherrschte Themen}}{\text{Zahl aller Themen}} \cdot 100\%$$

Wenn Sie auf einen bestimmten Termin, wie zum Beispiel eine Prüfung, hinarbeiten, können Sie auch mit
der folgenden Formel berechnen, ob Sie in der Zeit sind
oder hinterherhinken.

$$\text{Effektivität} = \frac{\text{beherrschte Themen} \times \text{Gesamtzeit}}{\text{verstrichene Zeit} \times \text{Zahl aller Themen}} \cdot 100\%$$

Eine Zahl größer 100 zeigt an, dass Sie genügend Zeit
haben. In der folgenden Abbildung sehen Sie ein Bei-

spiel. Durch die Lernpause vom 4. bis 7. kam der Lernende hinter die Zeit. Danach hat er viel Stoff nachgeholt, sodass er trotz der Pause vom 18. bis 20. weiter vor der Zeit bleibt.

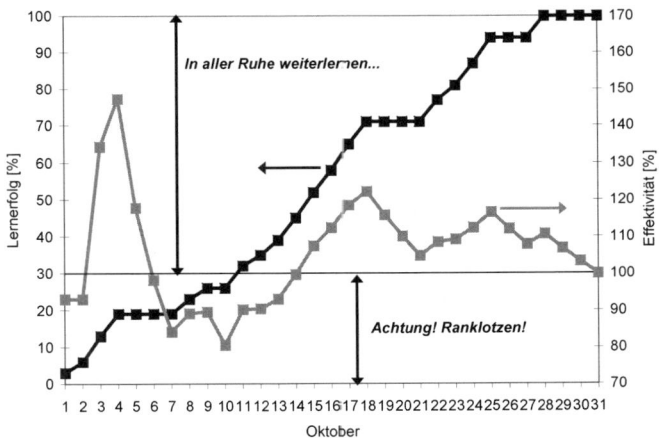

Am einfachsten ist dies mit der Karteikartenmethode (siehe Kap. 4.2). Zählen oder wiegen Sie die Karteikarten in jedem Fach. Daraus berechnen Sie dann Ihren Lernfortschritt.

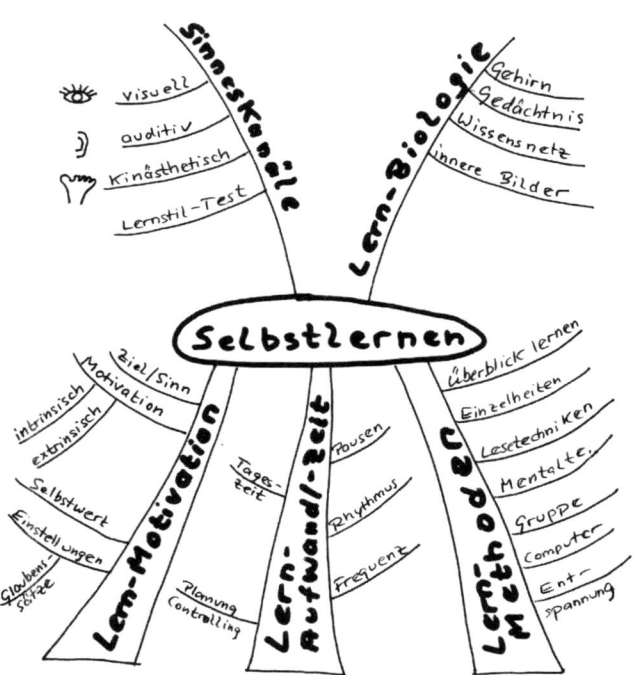

Den Zeitaufwand zum Lernen können Sie gut reduzieren:

30

- *Konzentrieren Sie sich beim Lernen zunächst auf das Wesentliche.*
- *Lassen Sie mit der richtigen Technik überflüssige Wiederholungen von Lernstoff ganz weg.*
- *Beachten Sie die Tagesleistungskurve und machen Sie alle 45 bis 60 Minuten eine Pause. Halten sie Ihr Lernen frei von Störungen.*
- *Behalten Sie den Überblick, wo Sie beim Lernen stehen, um die Zeit zu planen und den Lernfortschritt zu kontrollieren.*

30 MINUTEN

Wie verschaffe ich mir beim Lernen einen Überblick und wie lerne ich mehr Einzelheiten?

Seite 51

Was sind die Grundlagen der schnellen Lesetechniken?

Seite 60

Wie kann ich Entspannungstechniken beim Lernen nutzen?

Seite 62

4. Lernmethoden

Aus der Fülle der Methoden können wir nicht alle nennen und auch die hier angeführten Wichtigsten nur kurz beschreiben. Sie selbst müssen ausprobieren, welche Methoden am besten zu Ihnen passen. Es ist erfolgreicher, mit einer Methode zu lernen, die zeitlich aufwändiger ist, wenn sie mehr die eigene Lernmotivation fördert und Spaß macht. Zu jeder Methode wird der passende Lernstil (V – visueller Lernkanal, A – auditiver Lernkanal, K – kinästhetischer Lernkanal) hervorgehoben und auch beschrieben, wie diese sich auf Lernmotivation, Zeitaufwand und auch Effektivität auswirkt.

4.1 Überblick verschaffen, Wissensnetz strukturieren

Mind-Mapping

Schreiben Sie das Hauptstichwort in die Mitte des Blattes. Äste mit Verzweigungen nehmen Unterthemen bzw. Stichworte auf. Ergänzen Sie die Äste möglichst durch Grafiken und Symbole. Finden Sie jeweils sogenannte Schlüsselwörter, die Ihre Aussagen auf den Punkt bringen. Dies hilft beim aktiven Durcharbeiten von längerem Lesestoff. Es lässt Zusammenhänge erkennen und erzeugt Fäden für das Wissensnetz. In dem Beispiel auf der Seite 50 finden Sie schon einen ersten Schritt zur symbolischen Umsetzung: Die drei Hauptzweige beim Selbstlernen sind als Säulen ausgebildet.

Aufwand: je nach Umfang des Lernstoffes unterschiedlich, z.B. 20 Minuten.

Lernstil: günstig für K und V

Lernstoff markieren

Unterstreichen Sie Ihren Lernstoff mit einem farbigem Marker. Überlegen Sie dabei, was wichtig ist. Dies fördert die Behaltenswirkung und gibt Ihnen ein gutes Gefühl, den Stoff durchgenommen zu haben. Es schafft zugleich Überblick, vielleicht setzen Sie auch unterschiedliche Farben ein. Für die spätere Wiederholungsphase ist dies von großem Vorteil.

Es gibt Lerner, die Hemmungen haben, Ihre Bücher so zu „verunzieren". Dies liegt in ihrem Persönlichkeitsprofil und in ihren Glaubenssätzen bedingt. Wenn Sie es schaffen, solche hindernden Denkmuster abzulegen, ist dies ein großer Gewinn für Sie.

Aufwand: Kein Aufwand beim Lesen, verkürzt Wiederholzeit.

Lernstil: günstig für K, V

Lernposter

Dies ist eine hervorragende Methode, sich einen Überblick über den Stoff zu verschaffen und wichtige Einzelheiten beim Anfertigen des Posters zu wiederholen. Schreiben Sie die Kernpunkte des Lernstoffes auf große Blätter (ggf. A1/A0, mindestens ab A3) und ergänzen Sie dieses mit einer Bildercollage aus Zeitschriften. Dadurch sprechen Sie Ihre Gefühle an! Hängen Sie das oder die Poster dann in der Wohnung an exponierten Stellen auf. Wechseln Sie von Zeit zu Zeit die Platzierung. Verweilen Sie öfter davor und prägen Sie es sich ein. Sie können dabei auch essen oder sich bewegen oder gar tanzen!

Wirkung: Sie wiederholen und verinnerlichen den Stoff schon beim Basteln und motivieren sich für den Lernstoff. Dies erzeugt zugleich Fäden für das Wissensnetz. Haben Sie nicht zu Schulzeiten einmal kleine Spickzettel gemacht? Damals hat dies schon zum Lernen beigetragen. Heute als Erwachsener können Sie das mit einem Lernposter noch viel wirksamer!

Aufwand: 10-60 Min. pro Poster, aber es kann auch mehr sein, wenn Sie das große Format wählen. Der Aufwand lohnt sich jedoch. Sie können mit der Hand schreiben oder auch Teile im PC. Das nachfolgende Beispiel gibt eine Übersicht über den psychogenen Teil der Psychotherapie.

Lernstil: günstig für K, V

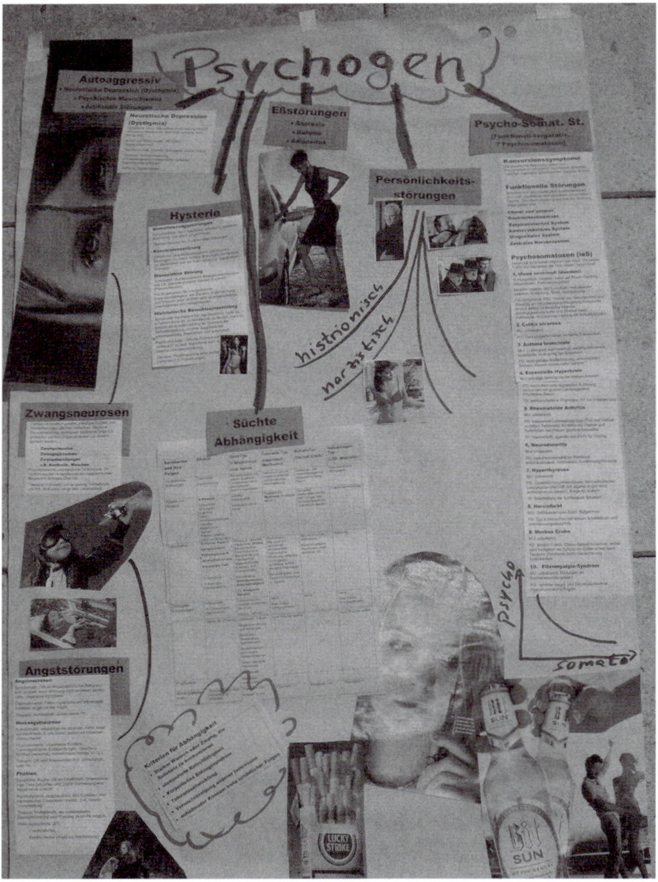

Mit Mind-Maps und Lernpostern strukturieren Sie den Lernstoff passend für die Einprägung in Ihr Langzeitgedächtnis.

4.2 Lernkartei – Einzelheiten lernen

Bei dieser von Sebastian Leitner entwickelten Methode arbeiten Sie mit Kärtchen Format ca. A7 und schreiben auf die Vorderseite den Begriff oder eine Frage, auf die Rückseite eine kurze Erklärung/Antwort, möglichst mit Bild, Symbolik, Grafik.
Sodann beschaffen Sie einen Kasten mit 5 Fächern, die sich von vorne nach hinten jeweils doppelt verbreitern. Die fünf Fächer symbolisieren den Lernfortschritt in aufsteigender Reihenfolge. Je besser Sie die Antworten beherrschen und im Gedächtnis verankert haben, desto weiter rücken die Kärtchen nach hinten. Bei Vergessen/ falsch kommt das Kärtchen ins vorderste Fach zurück. Im fünften Fach sind die Karten, deren Antworten schon fest im Gedächtnis verankert sind.

Sie können den Kasten mit Einteilung selbst basteln oder im Handel kaufen. Ein Loch in die Karten oder das Abschneiden der rechten Ecke erleichtert das Einordnen.

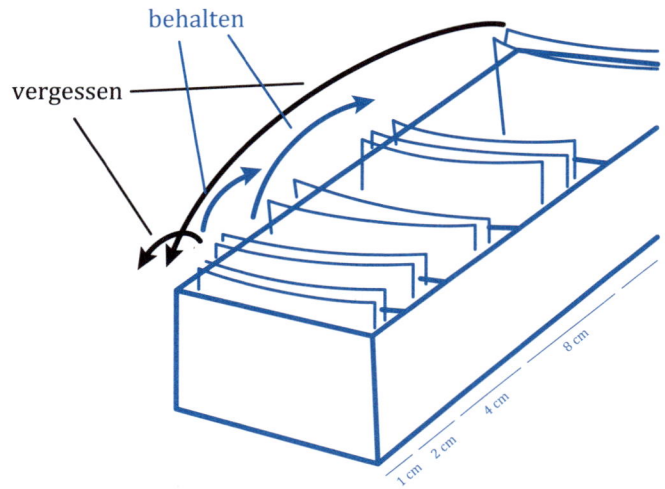

behalten

vergessen

1 cm   2 cm   4 cm   8 cm

Schreiben Sie im Unterricht oder beim Durcharbeiten schriftlicher Unterlagen die neuen Kärtchen kontinuierlich, sodass täglich welche in das erste Fach kommen. Es reichen täglich 15 Minuten Arbeit mit der Lernkartei, um eine Fülle von Lernstoff kontinuierlich aufzunehmen. Das ist sogar beim Autofahren im Stau möglich, weil Sie dabei Zeit haben, in aller Ruhe den Text der Antworten innerlich zu formulieren, besonders für die Kärtchen aus dem ersten Fach. Es gibt auch fertige auditive Lernkarteien z. B. als Vokabeltrainer (hervorragende auditive PC-Programme, die wie Lernkarteien aufgebaut sind). Lernstil: günstig für K, V und die innerliche Frageformulierung ist auch für A-Typen hilfreich.

Die Lernkartei ist das rationellste Verfahren zum Lernen von Einzelheiten. Das Erstellen einer Lernkartei ist zunächst aufwändig. Sie können sich aber die Arbeit mit Lernkollegen teilen: Jeder übernimmt einen Abschnitt und die Karten werden kopiert. Sie können die Kärtchen auch mit einem PC erstellen. Und Sie können in der ganzen Wohnung Lernkärtchen platzieren.

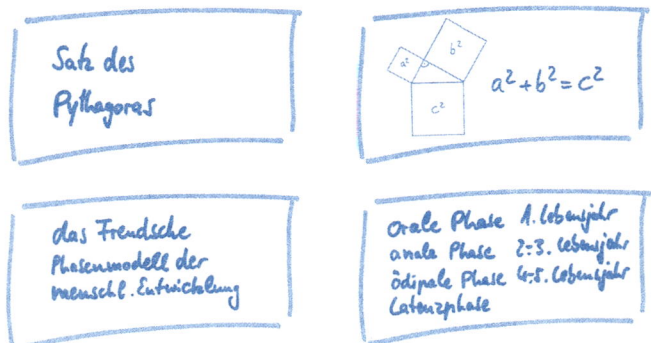

4.3 Lernen aus Büchern

Generelles zum Lesen

Das Lesen eines Buches ist eine sehr verbreitete Methode, um für sich Neues zu lernen. Es kostet aber auch sehr viel Zeit. Daher ist es sinnvoll, sich folgende Gedanken zu machen, bevor Sie ein Buch zu lesen beginnen.

Was will ich aus diesem Buch lernen? Welches Ziel habe ich?

Beantworten Sie diese Frage bitte schriftlich. Sie können ihr Ziel zum Beispiel vorne in das Buch hineinschreiben oder auf einem Haftnotizzettel hineinkleben. Nun verschaffen Sie sich einen Überblick über das Buch:

Lesen Sie den Klappentext.
Lesen Sie das Inhaltsverzeichnis.
Schauen Sie durch das Stichwortverzeichnis.

Jetzt kennen Sie sozusagen das „Skelett" des Buches, das Sie nun weiter verfeinern:

Blättern Sie das Buch von vorne bis hinten durch. Lesen Sie dabei Überschriften, schauen sich kurz die Abbildungen an. Lesen Sie Hervorhebungen, Zusammenfassungen usw.

Jetzt können Sie sich entscheiden, ob das Buch zum Lernen geeignet ist, bzw. welche Abschnitte Sie aus dem Buch wirklich benötigen!

Lassen Sie alles Unnütze weg!

Vor einem neuen Buch und auch einem neuen Kapitel stellen Sie sich innere Fragen. So ist auch diese 30-Minuten-Reihe aufgebaut. Das mag zu Beginn mehr zeitlichen Aufwand bedeuten. Ihr Gehirn kann neue Informationen allerdings besser aufnehmen, wenn es den Zusammenhang kennt, wenn es weiß, wo die Informationen hingehören. Sie sparen also Zeit, indem Sie später leichter lernen und natürlich auch, weil Sie vorher schon Unwichtiges erkennen und weglassen können! (Fäden für das Wissensnetz).

Wenn Sie dann zu lesen anfangen, so braucht das nicht unbedingt vorne im Buch sein. Nehmen Sie sich erst die wichtigsten Kapitel vor. Arbeiten Sie dabei mit dem und in dem Buch:

- Markieren Sie sich wichtige Passagen. Nutzen Sie dabei unterschiedliche Farben.
- Schreiben Sie Ihre Notizen, Fragen usw. an den Rand des Buches.
- Notieren Sie sich die wichtigsten Aussagen, z.B. als kleines Mind-Map.
- Kleben Sie Haftnotizzettel an die Seiten, die Sie schnell wieder finden müssen.
- Formulieren Sie Fragen und Antworten aus dem Text, z.B. für Ihre Lernkartei.
- Ein Buch ist ein Arbeitsmittel. Nach dem Lernen hat es an Wert für Sie gewonnen, weil Sie durch Ihre Anstreichungen und Notizen das Gelernte schnell wiederholen können.

Beim Lesen eines Abschnittes ist es sinnvoll, wieder zuerst den Gesamtzusammenhang zu erkennen. Überfliegen Sie den Text, auch wenn Sie zuerst nicht alles verstehen! Denn häufig ergeben sich die Antworten bereits beim Weiterlesen. Jetzt lesen Sie gezielt die Stellen des Textes, die Sie noch nicht richtig begriffen haben.

> Am Ende eines Abschnittes ist zu empfehlen, mit geschlossenen Augen innerlich das Gelernte zu wiederholen.

Sinnvoll ist auch ein Hörbuch. Das können Sie im Auto bei Staus nutzen. Sie sprechen damit auch Ihren auditiven Lernkanal an und verschaffen sich Abwechslung.

Lesetechniken – Beschleunigung

Ob Buch oder Computer – beschleunigte Lesetechniken sind immer angebracht beim Lernen. Begriffe dafür sind: Diagonal, Speed oder gar PhotoReading®. Es ist besser, mehrere Bücher an einem Stück mit Zeitdruck zu „lesen" bzw. durchzuarbeiten, als zu viel Zeit für eines zu haben. Dafür ist der Abbau der hindernden Denkmuster nötig, alles gleich schnell und detailliert lesen zu müssen. Trainieren Sie also, sich nur 30-60 Minuten für ein Fachbuch zu nehmen. Um richtig schneller lesen zu können, beachten Sie bitte folgende Punkte:

- Statt buchstabenweise zu lesen, erfassen Sie ganze Wörter, ganze Sätze, ganze Abschnitte auf einmal.
- Bleiben Sie entspannt! Haben Sie Vertrauen in dieses Vorgehen.

- Springen Sie nicht dauernd mit den Augen, sondern erkennen Sie mit einem Blick möglichst viel Text (weicher Blick)!

Lernstil: günstig für V und sogar A möglich.

Aufwand: Das Erlernen einer Schnelllesetechnik ist eine zeitliche Investition von zumindest einem Wochenende und einem Training über mehrere Wochen. Wenn Sie oft und viel lesen müssen, lohnt sich dies.

Lesetechnik SQ3R-Methode

Die Bezeichnung kommt von den nachfolgenden 5 Phasen: Survey (Überblick schaffen, vor Beginn durchblättern) Question (innere Fragen stellen, Nutzen überlegen, notieren)

Read (die eigentliche Lesephase)

Recite (innerlich aufsagen)

Review (Rückschau halten, Notizen machen am Ende des Buches, was der gesamte Inhalt für Sie bedeutet)

Damit beinhaltet SQ3R die Grundlage aller Lesetechniken und beinhaltet manches des vorstehend Genannten.

> Besonders wichtig ist die Recite-Phase, z.B. am Ende eines Kapitels wird überlegt, was darin stand, indem innerlich wiederholt wird.

Aufwand: Spart Zeit, da Unnützes weggelassen wird

Lernstil: günstig für V und A. Auch K wird durch die Notizen angesprochen.

30 *Weil das Lernen mit Büchern so wichtig ist, wurden die besten Techniken dabei schon direkt hervorgehoben. Es lohnt sich, wenn Sie oft Neues aus Büchern lernen wollen. Die Tipps gelten für Zeitschriften und Schriftstücke gleichermaßen.*

4.4 Mentaltraining für Wissen und Können

Mit Entspannung

Sprechen Sie Ihren Lernstoff oder nur positive Lern-Denkmuster (Sätze, die die Erfolgsüberzeugung stärken) mit Entspannungsmusik selbst auf Band – oder hören Sie fertige Aufnahmen.

Innere Bilder (sich das zukünftige Verhalten als Gegenwart vorstellen) sind besonders förderlich für die Aneignung neuer Fähigkeiten.

Passives Hören so z. B. beim Autofahren – ohne Konzentration darauf, anderenfalls wäre es zu gefährlich – ist auch möglich. Im Grunde handelt es sich dann um „Parallellernen" durch unbewusste Berieselung!

Wirkung: Fördert die Motivation und das Behalten.

Aufwand: Nur wenn Sie die Aufnahmen selbst machen. Dieses hat auch schon eine Lernwirkung.

Lernstile: günstig für alle Sinne, denn Sie können diese (A, V, K) auch mit den mentalen Bildern ansprechen!

Innere Visualisierung (innere Bilder)

Wenn Sie den Lernstoff oder Begriffe portionsweise mit originellen inneren Bildern verknüpfen, ist dies auch eine mentale Technik. Gleiches gilt für Eselsbrücken für das Behalten ähnlicher Inhalte. Hierfür gibt es eigene Trainingsseminare (Gedächtnistraining). Durch bildhaft-verknüpfendes Denken prägen Sie sich vermeintlich schwierige Lerninhalte innerhalb sehr kurzer Zeiten (fast) mühelos ein! Dies ist die Basis aller Gedächtnistechniken und stellt eine Fähigkeit dar, die für das ganze Leben nützlich ist.

Aufwand: Verlangsamt das Lernen vordergründig, erhöht aber die Behaltenswirkung.

Wirkung: Macht Spaß, hat Motivationswirkung. Ein Gedächtnistraining stellt eine einmalige Investition dar.

Lernstile: günstig für alle Sinne – mentale Art des Ansprechens VAK.

Sich selbst innere Bilder vorstellen – möglichst konzentriert mit geschlossenen Augen – ist eine der effektivsten Lernmethoden.

4.5 Lerngruppe

In der Gruppe vertiefen Sie das Gelernte und halten durch die Gemeinsamkeit Ihr Motivationsniveau aufrecht. Sinn macht es, sich bei längerfristigem Lernen, z.B. beim Studieren, einer Lerngruppe (ohne Lehrer) anzuschließen. Innerhalb der Lerngruppe empfiehlt es sich, nicht nur darauf zu achten, wie sich die Lerngruppe zusammensetzt, sondern auch welche Lerntechniken angewandt werden und wie sich der Einzelne einbringen will.

- Sie stellen sich gegenseitig Fragen, machen auch Übungen oder tragen in geraffter Form Stoff vor (nach vorheriger Absprache!).
- Bei lang dauerndem Lernen, z.B. im Studium, achten Sie auf dynamische Zusammensetzung.
- Moderation nach Temperament – was auch dem Lernstil der Beteiligten entspricht – die einen erklären mehr, die anderen hören.
- Ausgewogene Zusammensetzung verschiedener Lerntypen ist sinnvoll.
- Sinnvoll ist ein festes Ritual bei jedem Treffen z.B. offene Fragen/ neue Stoffübersicht/ Lernphase/ Pause/ Lernphase/ gemütlicher Teil (= Belohnung).
- Auch eine Lernkartei können Sie zusammen erstellen.

Wirkung: Den Stoff jemand anderem zu erklären ist eine der besten Strategien. Durch Rückfragen und detailliertes Erklären setzt sich der Stoff neu zusammen und festigt sich auf erstaunliche Weise. In der Lerngruppe summieren sich die Lernfortschritte, das Wissen und die Fähigkeiten der Teilnehmer.

Aufwand: z.B. wöchentliche Treffen von 1-2 Stunden. Anwesenheitspflicht vereinbaren.

Lernstile: günstig für alle A, K und mit Einschränkungen V (hat anderen Nutzen davon). Dabei kommen insbesondere die auditiven Lerner auf ihre Kosten.

Es gibt Einzelgänger, die diese Methode nicht sehr mögen. Das sind oft visuelle Menschen. Im Allgemeinen profitieren alle Menschen von dieser Methode, weil sie zugleich die Motivation erhöht und die Lerndisziplin fördert.

4.6 Mit Computer lernen

Macht Ihnen der Umgang mit dem PC Spaß? Sonst ist das kein gutes Lernmedium für Sie. Sie können damit in kleinen Häppchen lernen, Ihre Antworten zu kleinen „Tests" werden gespeichert und beim nächsten Aufrufen des Programms kommen Sie wieder dort an, wo Sie zuletzt aufgehört haben. Wichtig ist, dass Sie auch mit einfacher Navigation bei einem individuellen Lernthema ankommen, das Sie suchen oder wiederholen wollen.
Untersuchungen haben ergeben, dass Lesen am Computer nicht so schnell und gedächtniswirksam funktioniert wie in einem Buch. Deshalb ist hier die zeitliche Motivation besonders wichtig. Das Medium bietet andere Vorteile als das konventionelle Buch. Im Übrigen ist die eigene Lerndisziplin genauso wichtig wie bei anderen Lernmethoden. Auch das individuelle Lerntempo und die unbeschränkte Wiederholungsmöglichkeit ist hier

zu erwähnen. Und Sie können unproduktive Leerzeiten am PC für das Lernen nutzen, um voranzukommen.

Insgesamt hängt es auch von der Art des Lernstoffes ab, welche Vorteile das Lernen mit Computer bietet. Beim Verhaltenstraining sind kurze Videosequenzen äußerst hilfreich, beim reinen Faktenlernen wird das kaum benötigt.

Im Zeitalter von Smartphones und i-Pads gibt es mit vielen Apps weitere Möglichkeiten des Lernens, die oft auch noch Spaß bereiten. Schauen Sie auf jeden Fall bei neuem Lernstoff, was der Markt hier schon anbietet. Sie werden überrascht sein.

CD-ROM/DVD

Wenn Sie solche Medien für das Lernen kaufen, so achten Sie auf die Verfügbarkeit von interaktiven Präsentationen mit guter grafischer Aufmachung und bewegten und auditiven Sequenzen im Lernstoff. Wenn auf dem Bildschirm nur Textpassagen erscheinen, haben Sie kaum mehr davon als von einem Buch. Oft sind auch kleine Tests eingebaut, was einen Überblick über den Lernfortschritt ermöglicht und die Motivation erhöht. Dafür ist es nicht so bequem mitzunehmen und zu „händeln" wie ein leichtes, kleines Taschenbuch oder ein Manuskript. Es ist jedoch eine Möglichkeit mehr, vorhandenen Stoff einzuüben und für den Praxistransfer vorzubereiten, zu verankern und zu motivieren. Von Vorteil ist eine Notizfunktion.

Aufwand: Manche Menschen lernen gerne mit diesem

Medium. Dann ist es besser, die Motivation über die Effektivität zu stellen. Bei anderen ist es eher umgekehrt. Lernstile: günstig für V, A, K – wenn das Programm gut ist. K -Lerner mögen oft den PC und diese Medien, V dagegen weniger.

Internet/Intranet

Hier gibt es mehr Interaktionsmöglichkeiten und in der Regel eine Online-Betreuung. Seminare (Präsenzphasen) können mit Selbstlernphasen abwechseln.

(Blended Learning). Es wird so die Wirksamkeit des Lernens von Dritten unterstützt oder gesteuert. Es wird auch manches für die Aufrechterhaltung der Lernmotivation getan. Trotzdem muss man berücksichtigen, dass der Arbeitsalltag und -stress um einen herum ist.

Von Vorteil ist auch die Möglichkeit, Diskussionsforen und Chatmöglichkeiten zu nutzen, die den fehlenden sozialen Austausch teilweise kompensieren können. Sogar der Aufbau von virtuellen Gruppen zum Lernen ist am PC möglich. Wenn bei Präsenzphasen das gegenseitige Kennenlernen ermöglicht wird, unterstützt eine Teambildung das Lernen.

Webbasiertes Lernen ist im Unterschied zu Medien wie produzierte DVD's speziell angebracht, wenn der zu lernende Stoff öfter aktualisiert oder ständig ergänzt wird.

Aufwand und Lernstile: wie oben. Für auditive Lerner, die mehr den sozialen Austausch pflegen wollen als andere, ist hier ein Ventil gegeben.

30 *Das Lernen mit Computer hat seine speziellen Vorteile und Möglichkeiten mit kleinen Tests, Videosequenzen und sogar Interaktionen über das Web. Auch die ständige Aktualisierung des Lernstoffs ist dabei von Nutzen.*

4.7 Allgemeine Methoden/ Prinzipien

Reihenfolge

Je ähnlicher der Stoff, desto weniger wird behalten! Hieraus folgt die Empfehlung, jede Stunde den zu lernenden Stoff zu wechseln. Dazwischen machen Sie eine kurze Pause.

> Reihenfolgeeffekte haben starke Wirkung. Das ist eine der wichtigsten Lernregeln!

Aufwand: Diese Technik kostet gar keine Zeit!

Sinn und Emotion

Vergegenwärtigen Sie sich öfter Ihr persönliches Lernziel und Ihre Gefühle dazu und sprechen Sie sie innerlich aus.

> Das Verknüpfen des Lernstoffs mit Sinn und Emotion fördert das Behalten.

Aufwand: Keiner, eher eine Gewohnheit, die Sie annehmen können.
Lernstile: mental A, K

Ähnlichkeitshemmung überwinden (Eselsbrücken)

Beim Verwechseln von Begriffen und Vokabeln benötigen Sie Eselsbrücken. Finden Sie eine einfache Eselsbrücke (Hilfsfäden für das Wissensnetz) für die richtige Zuordnung – konzentrieren Sie sich auf die Unterschiede. Beispiel: Sie verwechseln „Miosis" (Verkleinerung der Pupille) mit „Mydriasis" (Vergrößerung). Das kürzere Wort bezieht sich auf die Verkleinerung. Oder: „3,3,3 – bei Issos Keilerei". Zum Merken der Jahreszahl für diese Schlacht von Alexander d. Gr.

Aufwand: Spart Wiederholungen, wenn Sie diese gleich beim ersten Lernen aufbauen.
Lernstil: Günstig für alle V, A, K.

Positives Lernklima

Lernumgebung, Musik, Bewegung, Entspannung, Stimmung etc.
Aufwand: gering
Lernstil. V, A, K

Lernen durch Nachahmen

Hierbei handelt es sich darum, erst vormachen zu lassen und dann selbst nachzuahmen (bei psychomotorischen Fähigkeiten).

Ein Mensch, der über das Verständnis bzw. die Erkenntnis lernt, versteht die Vorgänge schnell, kann sie allerdings nicht immer selbst erzeugen. Erklären Sie jemandem detailliert, wie Rad fahren funktioniert. Setzen Sie ihn anschließend auf ein Rad. Wie weit wird er kommen? Keine 5 Meter – trotz allem Wissen. Dann machen Sie es vor und der andere ahmt Sie nach.

Aufwand: Spart Zeit, je weniger es sich um Wissen und je mehr es sich um Fähigkeiten/Fertigkeiten handelt.

Lernstil: günstig für K

Lernorientiertes Mitschreiben

Falls Sie bei Besprechungen mitschreiben oder sich bei Vorträgen Notizen machen, so ist Ihr Lernnutzen normalerweise sehr gering. Der Vorteil liegt eher in der Möglichkeit, dass Sie es jederzeit nachschlagen können.

> Allerdings kann man das Mitschreiben auch sofort zum Lernen benutzen. Wenn Sie keine Wortprotokolle machen, sondern den Inhalt in eigene Worte fassen, dann erhöht sich sprunghaft die Gedächtniswirkung.

Das bedeutet, Sie filtern durch innere Fragen schon beim Mitschreiben das Wichtigste heraus und geben Ihren Notizen auch eine eigene Struktur (z.B. ein Mind-Map). Überlegen Sie immer, wie Sie das Gehörte in eigene Worte fassen. Sie haben zu Hause mehr Freizeit, da der Lernstoff sich bereits zu einem guten Teil in Ihrem Gedächtnis befindet. Sie lernen nicht mehr das Geschriebene – sondern clevererweise bereits durch das Schreiben.

Aufwand: keiner, da das Mitschreiben gleich beim Zuhören erfolgt.

Lernstil: mehr für V als für A und K. K schreiben oft nicht gerne, weil sie eine schlechtere Feinmotorik haben. Aber für die Stichworte von Mind-Maps und die Striche darin reicht es.

4.8 Entspannungstechniken

Entspannung ist in unserer hektischen Zeit zu einer wichtigen Ressource geworden. Im entspannten Zustand ist man hochproduktiv und lernfähig. Da das Entspannen immer mit Gefühlen gekoppelt ist, kann ein willentliches Entspannen nicht „befohlen" werden. Willentlich ist ein Entspannen nur über den Umweg durch entsprechende Techniken möglich.

Entspannung durch Anker fördern

Anker sind Sinneseindrücke, die uns in einen bestimmten Zustand versetzen. Es ist eine Art Erinnerung des Körpers an eine bestimmte Situation, die durch einen Sinneseindruck ausgelöst wird. Diese Konditionierung des Körpers können wir ausnützen, indem wir den Entspannungszustand mit uns angenehmen Sinneseindrücken verbinden. Wenn Sie beim Entspannen immer eine Kerze anzünden, eine Duftlampe benutzen oder eine bestimmte Musik abspielen, können Sie in späteren Situationen schneller entspannen. Ja, Sie können sogar alleine durch die Erinnerung daran entspannter werden. Letzteres ist besonders in Situationen nützlich, in denen Sie keine Entspannungstechnik anwenden können (z.B. vor einem Bewerbungsgespräch oder einer Prüfung).

Bei allen Entspannungstechniken ist zugleich ein mentales Training von Lerninhalten und auch die Arbeit an den Einstellungen bzw. Überzeugungen möglich.

Neben diesen Ankern ist es natürlich auch wichtig, sich genügend Zeit zu nehmen, das Telefon und andere Störquellen abzustellen. Bequeme Kleidung und angenehme Temperatur (eventuell Decke benutzen!) spielen eine ebensolche Rolle.

Autogenes Training

Autogenes Training ist eine Möglichkeit, sich selbst sehr schnell in die Tiefenentspannung zu bringen. Es beruht auf direkter Beeinflussung des eigenen Körpers durch die Gedanken, wie folgendes Experiment zeigt.

Stellen Sie sich vor, Sie stehen in Ihrer Küche. Sie sehen auf dem Tisch eine Zitrone liegen. Sie sehen die gelbe Farbe der Frucht und nehmen sie nun in die Hand. Sie spüren die glatte und leicht gefurchte Haut der Zitrone. Nun nehmen Sie ein Messer und schneiden die Zitrone einmal durch. Sie sehen das Innere der Zitrone, das wie eine Sonne aussieht, und riechen den typischen Geruch. Nun schneiden Sie die eine Hälfte der Zitrone noch einmal durch, nehmen ein Viertel der Zitrone in die Hand und beißen hinein.

Nun, erspüren Sie ein Zusammenfließen Ihrer Spucke? Diese Körperreaktion tritt bei den meisten Menschen beim Lesen dieser Geschichte auf. Rein durch Imagination wurde eine Reaktion des Körpers ausgelöst.

Worte und Gedanken beeinflussen den Körper.

Beim Autogenen Training sprechen Sie sich Sätze in Gedanken selber vor. Dadurch beeinflussen Sie Ihren Körper positiv.

Strecken Sie sich! Dehnen Sie ihre Arme, Ihre Beine, den Körper, so wie es Ihnen guttut. Lockern Sie ihren ganzen Körper. Legen Sie sich bequem hin, schließen Sie die Augen. Korrigieren Sie ihre Lage, bis Sie bequem und druckfrei liegen. Sie können Autogenes Training auch im Sitzen machen, dann stehen die Füße mit der ganzen Sohle auf dem Boden, Becken und Beine bilden einen rechten Winkel, ebenso Unter- und Oberschenkel.

Es folgen nun der gesprochene Text und in kursiv dazu Erläuterungen.

- Ich bin ganz ruhig. Ruhe.
  Dieser und der ganze andere Text werden in ruhigem, langsamem, eher tiefem Ton gesprochen bzw. gedacht.

- Rechter Arm ganz schwer. (bis zu 6 mal wiederholen)
- Linker Arm ganz schwer. (bis zu 6 mal wiederholen)
- Beide Beine ganz schwer. (bis zu 6 mal wiederholen)

- Arme und Beine schwer. Schwere.

  Wenn sich die Muskeln entspannen, fühlen sich die Gliedmaßen schwerer als im angespannten Zustand an. Durch das Fördern des Schweregefühls entspannen sich die angesprochenen Gliedmaßen.

- Ich bin ganz ruhig. Ruhe.

  Dieser Satz kommt zwischen jeden Block und dient als „Separator".

- Rechter Arm ganz warm (bis zu 6 mal wiederholen)
- Linker Arm ganz warm. (bis zu 6 mal wiederholen)
- Beide Beine ganz warm. (bis zu 6 mal wiederholen)
- Arme und Beine warm. Wärme.

  Wenn sie die Muskeln entspannen, weiten sich auch die Adern. Dies hat zur Folge, dass die betreffenden Körperteile besser durchblutet werden, sie fühlen sich warm an. Durch das Fördern des Wärmegefühls entspannen sich die angesprochenen Gliedmaßen noch mehr.

- Ich bin ganz ruhig. Ruhe.
- Mein Atem geht ruhig und gleichmäßig. (bis zu 6 mal wiederholen)

  Stellen Sie sich vor, Sie sitzen neben sich und beobachten Ihren Atem. Versuchen Sie nicht, Ihren Atem zu steuern. Man kann Entspannung nicht willentlich hervorrufen.

- Ich bin ganz ruhig. Ruhe.
- Mein Herz schlägt ruhig und gleichmäßig. (bis zu 6 mal wiederholen)
  Achten Sie auf Ihren Herzschlag, wo immer Sie ihn auch spüren. Nehmen Sie ihn einfach wahr und sprech-denken Sie die Formel.

- Ich bin ganz ruhig. Ruhe.
- Mein Sonnengeflecht ist strömend warm. (bis zu 6 mal wiederholen)
  Das Sonnengeflecht (Solar Plexus) ist ein Nervenbün-del, das etwas tiefer als das Herz mitten im Körper liegt. Von diesem Bündel verschiedener Nerven, das wie eine Sonne aussieht, steht das vegetative Nerven-system mit allen Bauchorganen in Verbindung. Ein Wärmegefühl dort steht mit einer besseren Durchblu-tung und somit einer Anregung der Bauchorgane in Verbindung.

- Ich bin ganz ruhig. Ruhe.
- Meine Stirn ist angenehm kühl. (bis zu 6 mal wieder-holen)
  Das Gehirn hat seine eigene Temperaturregulation. Es arbeitet besser, wenn die Stirn kalt ist. Dies ken-nen Sie sicher von Kopfschmerzen, wo die Stirn warm ist.

- Ich bin ganz ruhig. Ruhe.

Sie sind jetzt ganz entspannt. Genießen Sie diesen Zustand oder arbeiten Sie mit Glaubenssätzen oder Zielvorstellungen.

Entscheiden Sie sich nun bewusst, jetzt wach zu werden. Ballen Sie Ihre Hände zu Fäusten, atmen Sie tief durch, strecken Sie sich. Machen Sie die Augen auf und seien Sie ganz wach!

Progressive Muskelentspannung

Diese Entspannungsmethode (von Jacobson) geht davon aus, dass man einen Muskel dann am besten entspannen kann, wenn man ihn vorher anspannt. Bei der Progressiven Muskelentspannung werden nacheinander die wichtigsten, willentlich beeinflussbaren Muskelpartien angespannt und danach entspannt. Aus Platzgründen ist hier eine weitere Darstellung leider nicht möglich.

Durchkämmen des Körpers

Diese Methode beruht darauf, dass alleine schon die Verschiebung der Aufmerksamkeit auf ein bestimmtes Körperteil dieses zum Entspannen bringt. Man kann nun seine Aufmerksamkeit durch die einzelnen Körperteile fließen lassen und so jeden einzeln entspannen. Fangen Sie doch zum Beispiel mit Ihrem rechten kleinen Finger an, gehen über die anderen Finger in die Hand, den Unter- und Oberarm, die Schulterpartie. Dann der linke Arm und die linke Schulterpartie, den Hals hinten hoch über die Kopfhaut bis vorne zur Stirn.

Dann um die Augen, die Nase, der Mund, das Kinn, die Kaumuskulatur. Der Hals auf der Vorderseite zur Brust. Von dort zu den Bauchmuskeln und dem Unterleib. Von den Schultern die Rückenmuskulatur herab zu den Gesäßmuskeln. Der linke seitliche Beinmuskel, der an der Körperaußenseite vom Becken zum Bein führt, der Oberschenkel oben und der Oberschenkel unten.

Der Unterschenkel, die Ferse und unter dem Fuß, auf dem Fuß, die Zehen. Entsprechend das rechte Bein. Beim Durchgehen des Körpers sollten Sie spüren, wie sich die Körperteile entspannen. Tipp: Nehmen Sie die Gelenke mit in die Aufmerksamkeit hinein. So erreichen Sie einen noch höheren Grad der Entspannung.

Hilfsmittel zur Entspannung

Sinneseindrücke beeinflussen Ihren Körper. Ihr Körper (Schwingungsfrequenz des Gehirns, Herzrhythmus) passt sich zum Beispiel der Geschwindigkeit von Musik an. Der Ruhepuls des Herzens gesunder Menschen ist bei 60 Schlägen pro Minute. Durch Musik mit ca. 60 Takten pro Minute können Sie in einen entspannten Zustand gelangen. Dazu gehören u.a. klassische Stücke von Verdi. Bio-Feedback-Geräte messen u. a. den Grad der Entspannung zum Beispiel durch den Widerstand der Haut. Durch solche Geräte ist es möglich, die Auswirkung des eigenen Verhaltens auf den Entspannungszustand herauszufinden. Somit können Sie lernen, durch richtiges Verhalten schnell in den Entspannungszustand zu gelangen. Mind-Machines beeinflussen den Körper durch Tonfrequenzen und Lichtfolgen. Dazu setzt man einen Kopfhörer und eine spezielle „Brille" auf.

Der Nachteil dieser Techniken (Musik, Mind-Machine) ist, dass Sie nicht lernen, wie man den Zustand der Entspannung mit eigenen Mitteln erreichen kann. Sie bleiben abhängig von den Geräten und haben so gegebenenfalls Schwierigkeiten, sich in Situationen, wo Sie keinen Zugriff auf diese Techniken haben, zu entspannen (z.B. direkt vor einer Prüfung). Zum anderen helfen diese Techniken aber, in Lebenslagen, wo man sich selber nur noch schwerlich entspannen kann, die gewünschte und notwendige Entspannung zu bekommen.

Es gibt einige Methoden, die Spaß machen und Ihnen helfen, Ihr Lernziel kontinuierlich zu verfolgen. Zugleich können Sie diese auf Ihren persönlichen Lernstil abstellen und sogar den Lernaufwand reduzieren.

- *Mit Lernpostern und Mind-Mapping verschaffen Sie sich einen Überblick und knüpfen Fäden für Ihr Wissensnetz.*
- *Die Lernkartei eignet sich hervorragend, wenn Sie eine Fülle von Details lernen wollen.*
- *Wenn Sie ständig viele Bücher oder Zeitschriften lesen, lohnt das Aneignen einer Schnell-*

lesetechnik. Sie sollten an jeden Lesestoff mit inneren Fragen herangehen.

- *Innere Bilder sind die Basis aller Gedächtnistechniken. Wenn Sie dieses trainieren wollen, so befassen Sie sich damit.*
- *Mitschreiben bei Vorträgen bringt mit der richtigen Technik einen Vorteil.*
- *Entspannungstechniken unterstützen beim Lernen und sind für das ganze Leben eine vorteilhafte Fähigkeit.*

5. Eine Lerngeschichte

Edeltraud fährt mit der S-Bahn zur Arbeit. Sie hat etwas Angst vor dem Tag. Heute soll sie mit der neuen Projekt-Software vertraut gemacht werden. Somit ist da neben der eigentlichen Arbeit vieles Lernen angesagt. Wieder mal kann die Firma sie nicht für ein ordentliches Seminar freistellen!

In den letzten Jahren hatte sie schon bei einigen Neuerungen lernen müssen. Was war das noch kompliziert gewesen, sich mit dem Internet und Emails vertraut zu machen. Und beim Wechsel in die Werbeabteilung war auch ein ganz neues Vokabular zu lernen gewesen.

Und heute hatte sie wieder Angst vor dem Tag mit der Software. Sie sollte die neue Software bis zum Ende der Woche beherrschen. Edeltraud verspürte einfach nur Druck bei dem Gedanken. Sie hatte selbst keine Lust auf neue Software. Aber sie fürchtete den Zorn ihres Chefs. Noch mehr war ihr jedoch bewusst, wie das Projektteam für diese neue Software auf sie zählte und ihr vertraute. Sie fragte sich, was für einen Sinn das Ganze eigentlich machte. Was hatte die neue Software mit ihrem Leben zu tun? Sie gab sich darauf eine Antwort: Sie wollte in der Rolle als Marketing-Assistentin gut dastehen und weiter Karriere machen. Da gab es halt von Zeit zu Zeit neue Software zu lernen. Für diese Karriere musste sie ab und zu bezahlen. Und das war es ihr auch wert, sagte sie sich bei dem Gedanken daran.

Doch ihre Ängste ließen sich nicht ganz vertreiben.

„Software ist nun mal schrecklich. Software ist von Männern gemacht", ging es ihr durch den Kopf. „Wenn ich heute Abend Fehler gemacht habe, verliere ich mein Gesicht. Eine Frau tut sich halt schwer am Computer".

So ähnlich gingen ihre Gedanken während der Fahrt im Kreis. Aber sie ertappte sich auch bei diesen negativen Sätzen und fand durchaus positive Gegenbeispiele: Viele erfolgreiche Frauen sind Programmiererinnen. Ihre Freundin Sonja zum Beispiel. Und ich kann auch mal schwach sein und Fehler machen, die Männer erwarten das nicht anders. Die sind dann sogar zufrieden.

Edeltraud überlegt, wie sie ihre Lernmotivation die nächsten Tage aufrechterhalten könnte. Zwischendurch würde sie mit Mann und Kindern telefonieren. Von ihrer Kollegin Iris bekam sie immer Lob, wenn sie dort mal hereinschaute. Die tat sich heute nach 2 Jahren immer noch mit den Mails so schwer. Und für alle Fälle hatte sie in ihrer Handtasche eine Tüte Sweeties als Belohnung für jeden Fortschritt.

Etwas gelassener geworden betrachtete sie in ihrem Kalender die Zeiteinteilung der Woche. Sie wusste schon, dass das Handbuch der Projektsoftware 5 Kapitel umfasste. So könnte sie jeden Tag ein Kapitel durcharbeiten. Am besten morgens gleich in der ersten Stunde. Vielleicht sollte sie zur Sicherheit jeden Tag eine halbe Stunde früher kommen. Und am Nachmittag ab 16.00 Uhr würde es auch ruhiger.

Gab es sonst noch irgendwelche Lernvorbereitungen zu treffen? Ja, sie würde einigen Kollegen gleich eine

Mail schicken mit der Bitte, sie in dieser Woche möglichst wenig zu stören.

Und morgen Abend wollte sie sich die Zeit nehmen, ein großes Lernposter über die Bedienung der Software zu basteln. Diese Technik hatte sie im letzten Jahr im Spa-nisch-Kurs gelernt. Ein schönes kreatives Lernposter mit Bildern aus den Zeitschriften Focus und Schöner Wohnen könnte sie darin ebenfalls gut unterbringen.

Damit wollte sie dann ihr Büro dekorieren. Überhaupt, so fiel ihr ein, wenn schon die Woche Lernstress war, sollte auch ein spezieller Blumenstrauß aus gelben Rosen diese Woche auf ihrem Schreibtisch stehen. Den wollte sie gleich bei ihrem zuverlässigen Mann bestellen. Bei diesem Gedanken nahm sie ihr Handy aus der Tasche und rief ihn an: „Hallo, mein Schatz, bist du schon in deinem Büro angekommen? Mir ist eben eingefallen, dass ich diese Woche doch sehr viel Stress mit dem Lernen der neuen Projekt-Software habe. Kannst du mir da heute auf dem Rückweg meine Lieblingsrosen mitbringen? Die heben dann meine Stimmung, wenn ich sie für diese Woche auf meinem Schreibtisch sehe."

„Hallo, liebste Edeltraud. Ich sehe, du packst die Dinge schon richtig an. Gestern hast du noch von deinen Ängsten gesprochen. Du weißt, dass ich dich gerne unterstütze. Abends berichtest du mir dann immer, was du am Tag Neues gelernt hast."

„Ein guter Vorschlag, Rodrigo. Und ich weiß auch, was nach dem Lernen kommt. Da kommt die Belohnung!

Am Samstag werde ich schon fit damit sein. Abends können wir also feiern."

„Edeltraud, du gefällst mir. Ich reserviere schon mal ein Tisch für das Candle-Light-Dinner im Tantras. Und ich bestelle vorab das Gourmet-Menu für zwei Personen."

„Du bist ein Schatz, Rodrigo. Ich umarme dich. Da habe ich selbst dann überhaupt keine Arbeit. Dafür biete ich dir an, zu deinem kommenden 50. Geburtstag diesen mit der neuen Projekt-Software zu planen. Ich werde dir schon mal einen Entwurf am Samstag zeigen! Das wird mein Übungsbeispiel."

Wahrscheinlich ist Ihnen nach dieser Geschichte nicht bange um unsere Heldin. Sie weiß, wie sie das Lernen anpackt. Sie hat damit ganz praktisch ihren Lernplan gemacht, den Sie nun hier finden.

6. Der Lernplan

Bei einem größeren Lernprojekt, z. B. dem Lernen einer Sprache oder der Vorbereitung für eine aufwendige Prüfung, lohnt sich die Erstellung eines Lernplanes.

Mit den nachfolgenden Fragen können Sie Ihren Lernplan entwickeln und sich die Zeit entsprechend einteilen. Es werden allgemeine Vorschläge gemacht, was zu berücksichtigen und was abzuklären ist. Sie können die Seiten vor dem Ausfüllen der Fragen und Anregungen auch vergrößert kopieren. Kopieren Sie dann auf farbiges Papier und hängen Sie den Plan auf einen bevorzugten Platz zu Hause. Sie sollten diese beiden Seiten vor Beantwortung der Fragen und Anregungen jeweils auf ein farbiges A4-Blatt kopieren, dann erhalten Sie den Platz für Ihre Antworten. Hängen Sie den ausgefüllten Plan an einem bevorzugten Platz zu Hause auf.

❑ Was ist mein konkretes Lernziel? Welches ist meine äußere (z.B. Druck) und innere Lernmotivation?

❑ Wie wichtig ist es für mein Leben? Was bedeutet es für mich und meine Gefühle? Wie bereit bin ich, für das Lernziel auf einige Dinge zu verzichten?

❑ Welches sind die einschränkenden Glaubenssätze, die mich am Lernen hindern (z.B. „Das lerne ich nie, dazu bin ich zu dumm usw.")? Wie kann ich systematisch Versagensängste „ENTLERNEN", d.h. bewusst alte Überzeugungen in den Mülleimer stampfen, um frei zu sein für neues Lernen?

❑ Welches sind die einschränkenden Glaubenssätze, die mich am Lernen hindern (z.B. „Das lerne ich nie, dazu bin ich zu dumm usw.")? Wie kann ich systematisch Versagensängste „ENTLERNEN", d.h. bewusst alte Überzeugungen in den Mülleimer stampfen, um frei zu sein für neues Lernen?

❑ Wie kann ich die Lernmotivation ständig aufrechterhalten und stärken (z.B. durch Partnerunterstützung, Lerngruppe)? Wie die eigene Stimmung positiv beeinflussen?

❑ Wie verschaffe ich mir zusätzliche Zeit zum Lernen? Welche Aktivitäten kann ich raffen oder gänzlich lassen?

❑ Welche Teilziele setze ich und portioniere so den Lernstoff? Mit welcher Zeiteinteilung will ich lernen?

❑ Welche Lernvorbereitungen/Informationen brauche ich noch? Welche Lernmethoden kenne und nutze ich? Welche könnte ich noch ausprobieren?

❑ Welche Lernhilfen brauche ich für meinen persönlichen Lernstil, z.B. die Umgebung, Musik etc.?

❑ Wie schaffe ich meine eigene Lernkontrolle (z.B. Test beantworten, anderen erklären)?

❑ Wie werde ich meinen Lernfortschritt genießen und den Erfolg feiern?

Fast Reader

1. Wie lernt unser Gehirn?

Mit der Fragetechnik und Emotionalität können Sie Lernstoff leichter verankern. Sicher macht es Spaß, mit inneren Bildern zu lernen. Und je mehr Sie schon wissen, umso leichter wird das Lernen (Wissensnetz). Wiederholungen sind nötig, können jedoch mit geeigneten Techniken stark auf das Wesentliche reduziert werden.

Die Erkenntnisse der Gehirntheorie und Lernbiologie machen uns das Lernen leichter.
- **Wir setzen dabei Fragen, Emotionalität und innere Bilder ein. Je mehr wir schon wissen, desto leichter wird es.**
- **Wir haben einen präferierten Lernkanal und können diesen systematisch nutzen.**
- **Wir können den Lernvorgang noch mit weiteren positiven Faktoren stützen, wozu insbesondere Musik, Bewegung, Entspannung und auch Ernährung gehört.**

2.   Lernmotivation

Sie müssen sich für eine optimale Motivation bewusst machen, was Ihr Ziel beim Lernen ist und legen dies am besten schriftlich fest.

Es gibt einiges, was Sie für Ihre Lernmotivation tun können. Das sind nicht nur Belohnungen beim Erreichen von Zwischenzielen. Auch Lernen in einer Gruppe gehört dazu. Stimmung und Abwechslung können ebenfalls systematisch fürs Lernen genutzt werden.

Fokussieren Sie Ihre Aufmerksamkeit auf Lernen. Dadurch, dass Sie jeden Tag die realen Fortschritte notieren, bauen Sie das bewusste Gefühl auf, ein erfolgreicher Lerner zu sein.

Wenn Sie Ihr Lernen bewusst angehen, halten Sie den Schlüssel zum erfolgreichen Lernen in Ihren Händen.

- **Ihre Lernmotivation fördern Sie zunächst am besten durch die Zielklärung.**
- **Sie achten beim Lernen auf positive Faktoren für die Motivation wie Stimmung, Abwechslung und ein positives soziales Umfeld.**
- **Sie können Ihr Selbstwertgefühl für das Lernen auf- und hindernde Denkmuster und Versagensängste abbauen. Hierzu machen Sie sich systematisch Ihre eigenen Lernerfolge bewusst.**

- *Mit einer gehirngerechten Technik ist es möglich, alte, negative Glaubenssätze zu löschen und neue zu installieren. Nutzen Sie ggf. professionelle Hilfe von Trainern für NLP, die mit dieser Technik vertraut sind.*

3. Lernaufwand und -zeit

Kurze Pausen sind dem Lernen förderlich. Achten Sie auf Ihre Tagesleistungskurve und gewöhnen Sie sich eine Regelmäßigkeit an. Vermeiden Sie Wiederholungen von Stoff, den Sie schon gelernt haben.
Lernen Sie nur zu der Tageszeit, in der Sie am wenigsten gestört werden.
Kontrollieren Sie Ihren Lernfortschritt.

Den Zeitaufwand zum Lernen können Sie gut reduzieren:
- **Konzentrieren Sie sich beim Lernen zunächst auf das Wesentliche.**
- **Lassen Sie mit der richtigen Technik überflüssige Wiederholungen von Lernstoff ganz weg.**
- **Beachten Sie die Tagesleistungskurve und machen Sie alle 45 bis 60 Minuten eine Pause. Halten sie Ihr Lernen frei von Störungen.**
- **Behalten Sie den Überblick, wo Sie beim Lernen stehen, um die Zeit zu planen und den Lernfortschritt zu kontrollieren.**

4. Lernmethoden

Mit Mind-Maps und Lernpostern strukturieren Sie den Lernstoff passend für die Einprägung in Ihr Langzeitgedächtnis. Die Fäden für Ihr Wissensnetz erleichtern zugleich das eventuell nötige Lernen von Einzelheiten.

Die Lernkartei ist das rationellste Verfahren zum Lernen von Einzelheiten. Das Erstellen einer Lernkartei ist zunächst aufwändig. Sie können sich aber die Arbeit mit Lernkollegen teilen: Jeder übernimmt einen Abschnitt und die Karten werden kopiert. Sie können die Kärtchen auch mit einem PC erstellen. Und Sie können in der ganzen Wohnung Lernkärtchen platzieren.

Neben dem Lernen aus Büchern hat auch das Lernen mit Computer seine speziellen Vorteile und Möglichkeiten mit kleinen Test, Videosequenzen und sogar Interaktionen über das Web. Auch die ständige Aktualisierung des Lernstoffs ist dabei von Nutzen.

Es gibt einige Methoden, die Spaß machen und Ihnen helfen, Ihr Lernziel kontinuierlich zu verfolgen. Zugleich können Sie diese auf Ihren persönlichen Lernstil abstellen und sogar den Lernaufwand reduzieren.

- **Gewöhnen Sie sich an, neuen Stoff zukünftig nur noch mit Markierstift in der Hand zu lesen.**

- *Mit Lernpostern und Mind-Mapping verschaffen Sie sich einen Überblick und knüpfen Fäden für Ihr Wissensnetz.*
- *Die Lernkartei eignet sich hervorragend, wenn Sie eine Fülle von Details lernen wollen.*
- *Wenn Sie ständig viele Bücher oder Zeitschriften lesen, lohnt das Aneignen einer Schnelllesetechnik. Sie sollten an jeden Lesestoff mit inneren Fragen herangehen.*
- *Innere Bilder sind die Basis aller Gedächtnistechniken. Wenn Sie dieses trainieren wollen, so befassen Sie sich damit.*
- *Mitschreiben bei Vorträgen bringt mit der richtigen Technik einen Vorteil.*
- *Entspannungstechniken unterstützen beim Lernen und sind für das ganze Leben eine vorteilhafte Fähigkeit.*

Weiterführende Literatur

- Arnold, Margret, Aspekte einer modernen Neurodidaktik, Emotionen und Kognitionen im Lernprozess, Verlag Ernst Vögel, München, Inaurugal-Dissertation zur Erlangung des Doktorgrades der Philosophischen Fakultät I der Universität Augsburg, 2001, ISBN 3-89650-131-3
- Birkenbihl, Vera F., Das neue Stroh im Kopf, Vom Gehirn-Besitzer zum Gehirn-Benutzer, GABAL Verlag Offenbach, 42. Auflage 2004, ISBN 3-8989749-085-4
- Buzan, Tony, Kopftraining, Anleitung zum kreativen Denken, Test und Übungen, Goldmann, München 6. Auflage 1989, ISBN 3-442-10926-4
- Demann, Frank W., Highspeed Reading, Die Hochgeschwindigkeits-Lesemethode für das Informationszeitalter, GABAL, Offenbach 2. Auflage 2001, ISBN 3-89749-057-9
- Dennison, Paul E./Gail, Brain Gym, VAK-Verlag, Freiburg 1990, ISBN 3-924077-79-7
- Leitner, Sebastian, So lernt man lernen, Herder Verlag, Freiburg 1995, ISBN 3-451-04354-8
- Schele, Paul, Photoreading, Die neue Hochgeschwindigkeits-Lesemethode in der Praxis, Junfermann, Paderborn, 3. Auflage 1997, ISBN 3-87387-213-7
- Schräder-Naef, Regula D., Rationeller Lernen lernen, Beltz-Verlag Weinheim und Basel, 25. Auflage 2001, ISBN 3-407-83092-0

- Schräder-Naef, Regula D., Lerntraining für Erwachsene, Es lernt der Mensch, so lang er lebt, Beltz-Verlag Weinheim und Basel, 4. Auflage 1999, ISBN 3-407-36343-50
- Svantesson, Mind-Mapping und Gedächtnistraining, Die Synthese von sprachlichem und bildhaftem Denken, GABAL-Verlag, Offenbach 8. Auflage 2001, ISBN 3-89749-198-2

Wichtige Adressen aus der Weiterbildung

www.gabal.de
(Netzwerk Lernen)
www.nlp.de
(NLP- Desuggestion von Lernblockaden, Arbeit an der Auflösung hindernder Glaubenssätze fürs Lernen)
www.dgsl.de
(Suggestopädie- Lernen mit allen Sinnen)
www.brainbox.at
(Lerntraining-Ausbildung für Lehrende, von dort stammt der Lernstil-Test)
www.memoPower.de
(GABAL-Mitglied, spezialisiert auf Lerntechnik und Gedächtnis. Hier erhalten Sie auch eine günstige Software zur eigenen Erstellung von Lernkarteikarten)
www.Stufen-zum-Erfolg.de
(GABAL-Initiative mit einem Baustein Lernen)

Die Autoren

Dr. Rudolf Müller, Brannenburg,
www.SUnternehmensentwicklung.de

Studium der Betriebswirtschaft in München, Dissertation 1970. 25 Jahre geschäftsführender Gesellschafter in mittelständischen Familienunternehmen (Elektroindustrie und Verlag). Ausbildungen und Suggestopädie und NLP. Master-Abschluss der Wirtschaftspsychologie in Erding. Dr. Müller arbeitet als Unternehmensentwickler daran, die Potenziale der Menschen zu aktivieren – für eine bessere Strategie und bessere Zusammenarbeit.

Dr. Martin Jürgens, Landshut,
 www.drmj.de

Dr. Martin Jürgens (www.drmj.de) ist Jahrgang 1969 und Vater zweier Töchter. Nach der Promotion in Chemie arbeitete er mehrere Jahre als Unternehmensberater. Seit 1989 leitet er Seminare. Dabei vermittelt er nicht nur reine Technik, sondern arbeitet auch an der Persönlichkeit, um Verhaltensänderungen nachhaltig erreichen zu können. Dr. Jürgens ist seit 2006 Heilpraktiker für Psychotherapie mit eigener Praxis. Zu seinen Schwerpunkten gehören Lebenskrisen, Konflikte, sexuelle Probleme, Angst, Stress und Burnout.

Dipl. Psych. Klaus Krebs, Berlin,
www.klauskrebs.de

Klaus Krebs erwarb sein Diplom in Psychologie in Marburg und arbeitete als wissenschaftlicher Mitarbeiter in der Hochbegabten-Forschung an der Universität Marburg. Seit 1988 führt er als selbstständiger Trainer erfolgreich Seminare für Führung, Motivation, Körpersprache und Verkauf durch. Zusätzlich installiert er in Firmen Konfliktlösestrategien und trainiert Führungskräfte und Mitarbeiter in kreativen Teamstrukturen. Zu seinen Kunden zählen internationale und deutsche Unternehmen wie Bayer AG, Siemens, die Berliner Verkehrsbetriebe, der Cornelsen Verlag, Benteler Automobiltechnik oder die TÜV Rheinland Group.

Dipl. Bw. Joachim-B. von Prittwitz und Gaffron, Lohra,
www.jvprittwitz.web.de

J.-B. v. Prittwitz und Gaffron studierte über den zweiten Bildungsweg Betriebswirtschaft. In der Autoindustrie sanierte er deren Vertragspartner. Dabei entdeckte er sein Kommunikationstalent und machte sich 1981 als Verhaltenstrainer selbständig. Lernen lebt er vor. Er bildete sich weiter in Superlearning und Mediation, wurde NLP-Lehrtrainer, Auditor sowie Coach. Für sein Seminar „Der Kunde kommt zuerst" erhielt er 1995 den DeutschenTrainingspreis in Gold vom BDVT.

Register

Abwechslung 28, 42, 60, 87
Ankern 71f.
Auditver Lerntyp 17
Autogenes Training 72f.

Belohnung 28f., 64, 81, 82, 87
Bewegung 6, 17, 19, 42, 69, 86

Computer 60, 65ff., 89

Emotion 9, 68, 86
Entspannung 19f., 27, 42, 62, 69, 71ff., 86
Ernährung 20f., 86
Eselsbrücke 37, 63, 69
Extrinsisch 26ff., 28

Frequenz 43, 77

Gedächtnistraining 63

Glaubenssätze 33ff., 52, 75, 84, 88

Intrinsisch 26ff.

Kinästhetischer Lerntyp 17

Langzeitgedächtnis 9, 10, 19, 89
Lernkurve 24f.
Lernplan 23f., 26, 84f.
Lernposter 6, 53f., 82, 89
Lernstil 12f., 27, 51, 85, 89
Lernumgebung 19, 69
Lernziel 23ff., 26, 68, 84, 89
Lesen 52, 57f., 60f., 65, 90

Mind-Map 6, 16, 20, 59, 70, 89
Mitschreiben 70, 90
Musik 6, 15, 19, 27, 29, 42, 62, 69, 71, 77, 85, 86

Parallellernen 12, 62
Pareto-Prinzip 43

Pause 6, 42, 46, 64, 68, 88
Plan 46, 88
Progressive Muskelent-
    spannung 76

Rhythmus 41f., 77

Selbstvertrauen 30
Selbstwertgefühl 30ff., 87
Stimmung 27, 69, 82, 85,
    87
Störung 45, 88

Tageszeit 38, 88

Überzeugung 33f., 72, 85

Visualisierung 20, 26, 63
Visueller Lerntyp 12, 16,
    51

Wiederholung 6, 43, 52,
    69, 86, 88
Wissensnetz 9f., 52, 53,
    59, 69, 86, 89

Zeitaufwand 51, 88